東亞民俗學稀見文獻彙編
第一輯

三國遺事

三國遺事　釋一然撰記
釋均如傳　不著撰人

韓國漢籍民俗叢書

第四冊

三國遺事

三國遺事目次

三國遺事目次

三國遺事目次

三國遺事目次

卷第四

義解第五

卷第五

避隱第八

孝善第九

附錄

三國遺事王曆第一

前漢宣帝
五鳳甲子四
甘露戊辰四
黃龍壬申一
元帝
初元癸酉五
永光戊寅五
建昭癸未六
成帝
建始己丑四

新羅
第一、赫居世。姓朴。卵生。年十三。甲子卽位。理六十年。徐徠娥伊英。娥英。國號徐羅伐、又徐伐、或斯羅、或雞林之說。至脫解王時。始置雞林之號。

甲申築金城。

高麗
第一、東明王。甲申立。理廿年。姓高。名朱蒙。一作鄒蒙。壇君之子。

河平 癸巳四
陽朔 丁酉四
鴻嘉 辛丑四
永始 乙巳四
元延 乙酉四
哀帝二
哀帝
建平 乙卯四
元壽 己未二
平帝

第二、瑠璃王。一作累利，又孺留。東明子。立壬寅。理三十六年。姓解氏。

百濟。

第一、温祚王。東明第三子。一云第二。癸卯立。在位四十五。都慰禮城、一云蛇川。今稷山。丙辰。移都漢山。今廣州。

元始 辛酉 七

孺子

初始 戊辰 一

新室

建國 己巳 五

天鳳 甲戌 六

地鳳 丙辰 三

更始 癸未 二

後漢 虎帝

建虎 乙酉 三十一

羅。第二、南解次々雄。父赫居世。母閼英。姓朴氏。妃雲帝夫人。甲子立。理二十年。此王位亦云居西干。

第三、弩禮一作弩理尼叱今。父南解。母雲帝。妃辭要王之女金氏。甲申立。理三十三年。尼叱今、或作尼師今。

麗。癸亥。移都國內城、亦云不而城。

第三、大虎神王。名無恤。一作味留。姓解氏。瑠璃王第三子。戊寅立。理二十六年。

第四、閔中王。名邑朱。姓解氏。大虎之子。甲辰立。理四年。

濟。第二、多婁王。溫祚第二子。戊子立。理四十九年。

洛。駕洛國。一作伽耶、今金州。

中元 丙辰 二
明帝
永平 戊午 十七
章帝
建初 丙子 十八
元和 甲申 三
章和 丁亥 二
和帝

第四、脫解 一作吐解 尼叱今。昔氏。父琓夏國含達婆王。一作花厦國王。母、積女國王之女。妃南解王之女阿老夫人。丁巳立。理二十三年。王崩。水葬末□疏井丘中。塑骨、安東岳。今東岳大王。

第五、婆娑尼叱今。姓朴氏。父弩禮王。母辭要王之女。妃史肖夫人。庚辰立。理十二年。

第五、慕本王。閔中之兄。名愛留。一作憂。戊申立。理五年。

第六、國祖王。名宮。亦云大祖王。癸丑立。理九十三年。後漢傳云。初生開目能視。後遜位于母弟次大王。

第三、巳婁王。多婁子。丁丑立。理五十五年。

首露王。壬寅三月、卵生。是月卽位。理一百五十八年。因金卵而生。故姓金氏。開皇曆載。

	永元己丑十七 殤帝 元興乙巳 安帝 延平丙午 永初丁未七 元初甲寅六 永寧庚申 建光辛酉 延光壬戌四 順帝
羅。	第六、祇磨尼叱今。一作。祇味。姓朴氏。父婆娑王。母史肖夫人。妃磨帝國王之女。　禮夫人。一作愛禮。金氏。壬子立。理二十三年。是王代滅音質國今安康、及押梁國今山。
麗。	
濟。	
洛。	

永建丙寅六
嘉陽壬申四
永和丙子六
漢安壬午二
建康甲申
冲帝
永嘉乙酉
質帝
本初丙戌
桓帝
建和丁亥三

第七、逸聖尼叱今。父砮禮王之兄。或云祇磨王。妃　禮夫人、日知葛文王之女。　禮夫人、祇磨王之女。母伊刋生夫人。或云　王夫人。朴氏。甲戌立。理二十年。

第七、次大王。名遂。國祖王母弟。丙戌立。理十九年。

第四、蓋婁王。已婁子。戊辰立。理三十八年。

和平 庚寅 一
元嘉 辛卯 二
永興 癸巳 二
永壽 乙未 三
延熹 戊戌 九
永康 丁未
靈帝
建寧 戊申 四
熹平 壬子 六
光和 戊午 六
中平 甲子 五

羅。
第八、阿達羅尼叱今。
又與倭國相嶺。立峴今彌勒大院東嶺是也
第九、伐休尼叱今。

麗。
乙巳 國祖王年百十九歲。兄二王俱見弑于新王。
第八、新大王。名伯固。一作伯句。乙巳立。理十四年
第九、故國川王。名男虎。或云夷謨。己未立。理二十年。

濟。
第五、肖古王。一作素古。盖婁子。丙午立。理五十年。

洛。

洪農又獻帝
永漢 己巳
初平 庚午 四
興平 甲戌 二
建安 丙子
曹魏文帝
黃初 庚子 七
明帝
大和 丁未 六
青龍 癸丑 四
景初 丁巳 三

第十、奈解尼叱今。
第十一、助賁尼叱今。

國川亦曰國壤。乃葬地名。
第十、山上王。
第十一、東川王。

第九、仇首王。一作貴須。之子。甲午立。理二十一年。
第七、沙伴王。一作沙沸。又沙伊。仇首之子。立卽廢。

第二、居登王。首露子。母許皇后。己卯立。理五十五年。姓金氏。

	齊王 正始 庚申 九 嘉平 己巳 五 高貴鄉 正元 甲戌 二 甘露 丙子 四 陳留王 景元 庚辰 四 西晉虎帝 泰始 乙酉 十 咸寧 乙未 五
羅。	第十二、理解尼叱今。一作詁解王。昔氏。助賁王之同母弟也。丁卯立。理十五年。始與高麗通聘。 第十三、未鄒尼今。一作味炤。又未祖。又未召。姓金氏始立。父仇道葛文王。母生乎。一作述禮夫人。伊非葛文王之女。朴氏。妃諸賁王之女光明娘。壬午立。理二十二年。
麗。	第十二、中川王。 第十三、西川王。名藥盧。又若友。庚寅立。理二十二年。
濟。	第八、古爾王。肖故之母弟。甲寅立。理五十二年。
洛。	第三、麻品王。父居登王。母泉府卿申輔之女慕貞夫人。己卯立。理三十二年。

大康 庚子 十一
惠帝
元康 辛亥
永寧 辛酉
大安 壬戌 二
永興 甲子 二
光熙 丙寅
懷帝
永嘉 丁卯 六
愍帝
建興 癸酉 四

第十四、儒禮尼今。一作世里智王。昔氏。父諸賁。母召夫人。朴氏。甲辰立。治十五年。補築月城。

第十五、基臨尼叱今。一作基立王。昔氏。諸賁王之第二子也。母阿爾兮夫人。戊午立。治十二年。丁卯年。是國號曰新羅。新者。德業日新。羅者。網羅四方之民云。或系智證法興之世。

第十六、乞解尼叱今。昔氏。父于老音角干。卽奈解王第二子也。庚午立。治四十六年。是王代。百濟兵始來侵。

第十四、烽上王。一云雉葛王。名相夫。壬子立。治八年。

第十五、美川王。一云好穰。名乙弗。又憂弗。庚申立。理三十一年。

第九、責稽王。古尔子。一作責替。誤。丙午立。治十二年。

第十、汾西王。責稽子。戊午立。治六年。

第十一、比流王。仇首第二子。沙泮之弟也。甲子立。治四十年。

第四、居叱彌王。一作今勿。父麻品。母好仇。辛亥立。治五十五年。

東晉中宗
建虎 丁丑
大興 戊寅 四
明帝
永昌 壬午
大寧 癸未 三
顯宗
咸和 丙戌 九
咸康 乙未 八
康帝
建元 癸卯 二

羅。

己丑。始築碧骨堤。周萬七千二十六步。百六十六步。水日一萬四千七十

麗。

第十六、國原王。

名釗、又斯由。或云岡上。辛卯立。理四十年。

甲午。增築平壤城。

壬寅八月。移都安市城。卽丸都城。

濟。

第十二、契王。汾西

洛。

孝宗
永和乙巳十二
昇平丁巳五
哀帝
隆和壬戌
興寧癸亥三
廢帝
大和丙寅五
簡文帝
咸安辛未一
烈宗

第十七、奈勿麻立干。
一作那密王。金氏。父仇道葛文王。一作未召王之弟未仇角干。母休禮夫人。金氏。丙辰立。理四十六年。陵在占星臺西南。

第十七、小獸林王。
名丘夫。辛未立。理十三年。

元子。甲辰立。理二年。
第十三、近肖古王。
比流第二子。丙午立。理二十九年。
辛未移都北漢山。
第十四、近仇首王。

第五、伊品王。
父居叱彌。母阿志。丙午立。理六十年。

寧康 癸酉 三
大元 丙子 廿一
安帝
隆安 丁酉 五
元興 壬寅 三
義熙 乙巳 十四
恭帝

羅。
第十八、實聖麻立干。一作實主王。又寔金。父未鄒王弟大西知角干。母禮生夫人。昔氏。登也阿干女也。妃阿留夫人。壬寅立。治十五。王即𤨿述之父。
第十九、訥祇麻立干。一作內只王。金氏。父柰勿王。母內禮希夫人。金

麗。
第十八、國壤王。名伊速。又於只支。甲申立。治八年。
第十九、廣開土王。名談德。壬辰立。治二十一年。
第二十、長壽王。名巨連。癸丑立。治七十九年。

濟。近肖古之子也。乙亥立。理九年。
第十五、枕流王。近仇首子。甲申立。
第十六、辰斯王。枕流王弟。乙酉立。治七年。
第十七、阿莘王。一作阿芳。辰斯子。壬辰立。治十三年。
第十八、腆支王。一作真支王。名映。阿莘子。乙巳立。治十五年。

洛。
第六、坐知王。一云金叱王。父伊品。母貞信。丁

元熙己未
宋武帝
永初庚申三
少帝
景平癸酉
文帝
元嘉甲子二十九
世祖
癸巳大初
孝建甲午三
大明丁酉八
太宗

氏。未鄒王女。丁巳立。治四十一年。

第二十、慈悲麻立干。金氏。父訥祇。母阿老夫人。一作次老夫人。實聖

丁卯。移都平壤城。

第十九、久爾辛王。腆支子。庚申立。治七年。

第二十、毗有王。久爾辛子。丁卯立。治二十八年。

第二十一、蓋鹵王。一云近蓋鹵王。名慶

未立。治十四年。

第七、吹希王。一云金喜。父坐知王。母福壽。辛酉立。治三十年。

第八、銍知王。一云金銍。父吹希。母仁德。辛卯立。治三十六年。

泰始乙巳八
後廢帝
元徽癸丑四
順帝
昇明丁巳二
齊太祖
建元己未四
永明癸亥十一

羅。王之女。戊戌立。治二十一年。妃巴胡葛文王女。一作未叱希角干。一作未欣角干女。始與吳國通。己未年倭國兵來侵。始築明活城入避。來圍梁州城。不克而還。

第二十一、毗處麻立干。一作炤知王。金氏。慈悲王第三子。母、未欣角干之女。己未立。理二十一年。妃期寶葛

麗。

濟。司。乙未立。治二十年。

第二十二、文周王。一作文明。蓋鹵子。乙卯立。移都熊川。理二年。

第二十三、三斤王。一作三乞王。文周子。丁巳立。理二年。

第二十四、東城王。名牟大。一云麻帝。又

洛。

廢帝
高宗
建虎甲戌四
永泰戊寅
永元己卯二
和帝
中興辛巳一
梁高祖
天監壬午十八

文王之女。

第二十二、智訂麻立干。一作智哲老。又智度路王。金氏。父訥祗王弟期寶葛文王。母烏生夫人。訥祗王之女。妃迎帝夫人。於攬代漢只登許作角干之女。庚辰立。理十四年。

已上爲上古。已下爲中古。

第二十三、法興王。名原宗。金氏。册府元龜云。姓募。名秦。父智訂。母迎帝

第二十一、文咨明王。名明理好。又咢雲。又高雲。壬申立。理二十七年。

第二十二、安臧王。名興安。己夫亥立。理

餘大。三斤王之堂弟。己未立。理二十六年。

第二十五、虎寧王。名斯摩。卽東城第二子。辛巳立。理二十二年。南史云。名扶餘隆。誤矣。隆乃寶臧王之太子。詳見唐史。

第二十六、聖王。

第九、鉗知王。父銍知王。母邦媛。壬申立。理二十九年。

普通庚子七
大通丁未二
中大通己酉六
大同乙卯十一
中大同丙寅
大淸丁卯三
簡文帝
大寶庚午
侯景
大始辛未

羅。夫人。法興謚。謚始乎
此。甲午立。理二十六
年。陵在哀公寺北。妃巳
丑夫人。出家名法流。住
永興寺。始行律令。始行
十行日。禁殺。度爲僧尼。
建元丙辰。是年始置。
年號始此。
第二十四、眞興王。名
彡麥宗。一作深。金氏。父卽
法興之弟立宗葛文王。
母只召夫人。一作息道
夫人。朴氏。牟梁里英失
角干之女。亦剃髮而卒
庚申立。理三十六年。

開國辛未十七

麗。十二年。
第二十三、安原王。名寶迎。癸亥立。理十四年。
第二十四、陽原王。一云陽崗王。名平成。
乙丑立。理十四年。

濟。名明穠。虎寧子。癸巳立。理三十一年。
戊午移都泗泚。稱南扶餘。

洛。
第十、仇衡王。
鉗知子。母女。
辛丑立。理十二
年。中大通四年
壬子。納土新羅。
自首露王壬寅
至壬子。合四百
九十年。
國除

承聖壬申三

敬帝

召泰乙亥

大平丙子一

陳高祖

永定丁丑三

文帝

天嘉庚辰六

天康丙戌

光大丁亥二

宣帝

大昌戊子四

第二十五、平原王。

一作平岡。名、陽城。勳之云高　。己卯立。三十一年。

第二十七、威德王。

名昌。又明。甲戌立。理四十四年。

大建己丑十四

至德癸卯四

禎明丁未三

隋文帝

開皇庚戌十一

仁壽辛酉四

煬帝

羅。鴻濟壬辰十二

第二十五、眞智王。名金輪。一作舍輪。金氏。父眞興。母朴氏，尼英失角干之女思□。一作色刀夫人。朴氏。妃如刀夫人。起烏公之女。朴氏。□四年。治衰善□

第二十六、眞平王。名白淨。父銅輪。一云東語。大子。母立宗葛文王之女万呼。一云万寧夫人。名行義尼。妃摩耶夫人。金氏。名福肹□。後妃僧滿夫人。孫氏。己亥立。

麗。

第二十六、嬰陽王。一云平湯。名元。一云大元。庚戌立。治三十八年。

濟。

第二十八、惠王。名季。一云獻王。威德子。戊午立。

第二十九、法王。名孝

大業乙丑十二
恭帝
義寧丁丑
唐太祖
武德戊寅九
太宗
貞觀丁亥廿三
高宗

第二十七、善德女王。名德曼。父眞平王。母麻耶夫人。金氏。聖骨男盡。故女王立。王之匹飮葛文王。仁平甲午立。治十四年。

第二十八、眞德女王。名勝曼。金氏。父眞平王之弟國其安葛文王。母阿尼夫人。朴氏。奴追□□□葛

第二十七、榮留王。名 又建武。戊寅立。治二十四年。

第二十八、寶臧王。壬寅立。治二十七年。

順。又宣。惠王子。己未立。

第三十、武王。或云武康。□丙或小名一□篩德。庚申立。治四十一年。

第三十一、義慈王。武王子。辛丑立。治二十年。

永徽庚戌六

現慶丙辰五

龍朔辛酉三

麟德甲子二

乾封丙寅二

總章戊辰二

羅。

文王之女也。或云月明。非也。丁未立。治七年。

大和戊申。六 已上。中古。聖骨。已下。下古。眞骨。

第二十九、太宗武烈王。名春秋。金氏。眞智王子龍春卓文興葛文王之子也。龍春一作龍樹。母天明夫人。謚文貞大后。眞平王之女也。妃訓帝夫人。謚文明王后。庾立之妹。小名文熙也。甲寅立。治七年。

第三十、文武王。名法敏。大宗之子也。母訓帝夫人。妃慈義。一作訥。王后。善品海干之女。辛酉立。治二十年。陵在感恩寺東海中。

麗。

戊辰國除。自東明甲申至戊辰。合七百五年。

濟。

庚申國除。自温祚癸卯至庚申。六百七十八年。

咸亨庚午四
上元甲戌二
儀鳳丙子三
調露己卯
永隆庚辰
開耀辛巳
永淳壬午

虎后
洪道癸未
文明甲申
垂拱乙酉四

第三十一、神文王。

金氏。名政明。字日炤。父文虎王。母慈訥王后。妃神穆王后。金運公之女。辛巳立。理十一年。

永昌己丑	羅，
周	
天授庚寅二	第三十二、孝昭王。
長壽壬辰二	
延載甲午	名理恭。一作洪。金氏。父神文王。母神穆王后。壬辰立。理十年。陵在望德寺東。
天册乙未	
通天丙申	
神功丁酉	
聖曆戊戌二	
久視庚子二	
長安辛丑四	第三十三、聖德王。
	名興光。本名隆基。孝昭之母弟也。先妃陪昭王后。謚嚴貞。元大之女也。後妃占勿王后。謚炤德順元

中宗。神龍乙巳二 景龍丁未三 睿宗景雲庚戌二 玄宗先天壬子 開元癸丑二十九 天寶壬午十四 肅宗至德丙申二	角干之女。壬寅立。理三十五年。陵在東村南。一云楊長谷。
	第三十四、孝成王。金氏。名承慶。父聖德王。母炤德大后。妃惠明王后。真宗角干之女。丁丑立。理五年。法流寺火葬。骨散東海。
	第三十五、景德王。金氏。名憲英。父聖德王。母炤德大后。先妃三毛夫人。出宮无後。後妃滿月夫人。謚景垂王后。垂一作穆。依忠角干之女。壬午立。理二十三年。初葬頃只寺西岑。錬石爲陵。後移葬楊長谷中。

乾元戊戌二 上元庚子二 寶應壬寅 代宗 廣德癸卯二 永泰乙巳 大曆丙午十四 德宗 建中庚申四 興元甲子 貞元乙丑二十

羅。

第三十六、惠恭王。 金氏。名乾運。父景德。母滿月王后。先妃神巴夫人。魏正角干之女。妃昌昌夫人。金將角干之女。乙巳立理十五年。

第三十七、宣德王。 金氏。名亮相。父孝方海干。追封開聖大王。卽元訓角干之子。母四召夫人。謚貞懿大后。聖德王之女。妃具足王后。狼品角干之女。庚申立。理五年。

第三十八、元聖王。 金氏。名敬愼。一作敬信。唐書云敬則。父孝讓大阿干。追封明德大王。母仁。一云知烏夫人。謚昭文王后。

順宗
永貞 乙酉

憲宗
元和 丙戌 十五

穆宗
長慶 辛丑 四

敬宗
寶曆 乙巳 二

文宗
大和 丁未 九

昌近伊巳之女。妃淑貞夫人。神述角干之女。乙丑立。理十四年。陵在鵠寺。今崇福寺。有也式遠所立碑。

第三十九、昭聖王。一作昭成王。金氏。名俊邕。父惠忠大子。母聖穆大后。妃桂花王后。夙明公女。己卯立而崩。

第四十、哀莊王。金氏、名重熙。一云清明。父昭聖　母桂花王后。辛卯立。理十年。元和四年己丑七月十九日。王之叔父憲德、興德兩伊干所害而崩。

第四十一、憲德王。金氏。名彥升。昭聖王之母弟。妃貴勝娘。謚皇娥王后。忠恭角干之女。己丑立。理十九年。陵在泉林村北。

第四十二、興德王。金氏。名景暉。憲德王母弟。妃昌花夫人。謚定穆王后。昭聖　之女。丙午立。理十年。陵在安康北比火壤。與妃昌花合葬。

開成丙辰五

虎宗

會昌辛酉六

宣宗

大中丁卯十三

羅。

第四十三、僖康王。金氏。名愷隆。一作悌顒。父憲貞角干。諡興聖大王。一作翌成。禮英匝干子也。母美道夫人。一作深乃夫人。一云巴利夫人。諡順成大后。忠行大阿干之女也。妃文穆王后。忠孝角干之女。一云重恭角干。丙辰年立。理二年。

第四十四、閔一作敏哀王。金氏。名明。父忠恭角干。追封宣康大王。母追封惠忠王之女貴巴夫人。諡宣懿王后。妃无容皇后。永公角干之女。戊午立。至己未正月二十二日崩。

第四十五、神虎王。金氏。名佑徵。父均貞角干。追封成德大王。母貞矯夫人。追封祖禮英。爲惠康大王。妃 從。一作繼大后。明海 之女。己未四月立。至十一月二十三日崩。

第四十六、文聖王。金氏。名慶膺。父神虎王。母真從大后。妃炤明王后。己未十一月立。理十九年。

第四十七、憲安王。金氏。名誼靖。神虎王之弟。母昕明夫人。戊寅立。理三年。

懿宗
咸通庚辰十四
僖宗
乾符甲午六
廣明庚子
中和辛丑四
光啓乙巳三
昭宗
文德戊申
龍紀己酉

第四十八、景文王。金氏。名膺廉。父啓明角干。追封義（一作懿）恭大王。卽僖康王之子也。母神虎王之女光和夫人。妃文資皇后。憲安王之女。辛巳立。理十四年。

第四十九、憲康王。金氏。名晸。父景文王。母文資皇后。一云義明王后。乙未立。理十一年。

第五十、定康王。金氏。名晃。閔哀王之母弟。丙午立而崩。

第五十一、眞聖女王。金氏。名曼憲。卽定康王之同母妹也。王之匹魏弘大角干。追封惠成大王。丁未立。理十年。丁巳遜位于小子孝恭王。十二月崩。火葬。散骨于牟梁西□。一作未黄山。

大順 庚戌 一
景福 壬子 二
乾寧 甲寅 四
光化 戊午 三
天復 辛酉 三
景宗
天祐 甲子 三
朱梁
開平 丁卯 四
乾化 辛未 四

羅。

第五十二、孝恭王。金氏。名嶢。父憲康王。母文資王后。丁巳立。理十五年。火葬師子寺北。骨藏于仇知堤東山脇。

第五十三、神德王。朴氏。名景徽。本名秀宗。母貞花

後高麗。

弓裔 大順庚戌。始投北原賊良吉屯。丙辰。都鐵圓城。今東州也。丁巳。移都松岳郡。

辛酉。稱高麗。

甲子。改國號摩震。置元虎泰。

後百濟。

甄萱 壬子。始都光州。

末帝

貞明乙亥六

龍德辛巳二

夫人。夫人之父順弘角干。追諡成虎大王。祖元从角干。乃阿達羅王之遠孫。父文元伊干。追封興廉大王。祖文官海干。義父鋭謙角干。追封宣成大王。妃資成王后。一云懿成。又孝資。壬申立。理五年。火葬藏骨于箴峴南。

第五十四、景明王。朴氏。名昇英。父神德王。母資成。妃長沙宅大尊角干、追封聖僖大王之子。大尊卽水宗伊干之子。丁丑立。理七年。火葬皇福寺。散骨于省等仍山西。

甲戌。還鐵原。

太祖　戊寅六月裔死。太祖卽位于鐵原京。己卯。移都松岳郡。是年。創法王、慈雲、王輪、內帝釋、舍那。又創天禪院、卽普濟新興、文殊、圓通、地藏。前十大寺。皆是年所創。庚辰。乳岩下立油市。故今俗利市云乳下。十月。創大興寺。或系壬午。壬午又創日月寺。或系辛巳。甲申。創外帝釋、神衆院、興

後唐
同光 癸未 三
明宗
天成 丙戌 四
長興 庚寅 四
閔帝末帝
清泰 甲午 二
石晉
天福 丙申 八

羅。
第五十五、景哀王。朴氏。名魏膺。景明王之母弟也。母資成。甲申立。理二年。
第五十六、敬順王。金氏。名傅。父孝宗伊干、追封神興大王。祖官角汗、追封懿興大王。母桂娥。憲康王之
乙未。納土歸于
陵在　東向洞。
自五鳳甲子至乙未。
合九百九十二年。

麗。
國寺、丁亥。創智妙寺。己丑。創龜山。庚寅。安和禪院
丙申統三

濟。
乙未。萱子神劍篡父自立。
是年國除。
自壬子至此四十四年而亡。

前漢高惠小文景虎昭宣元成哀平孺

後漢光明 殤安順 桓靈農献

魏晉宋齊梁陳隋

李唐 大 高則中睿玄肅代德順憲穆 文虎宣 僖昭景

朱梁後唐石晉劉漢郭周

大宋

紀異卷第一。

叙曰。大抵古之聖人。方其禮樂興邦、仁義設敎。則怪力亂神、在所不語。然而帝王之將興也。膺符命。受圖籙。必有以異於人者。然後能乘大變。握大器。成大業也。故河出圖、洛出書、而聖人作。以至虹繞神母而誕羲。龍感女登而生炎。皇娥遊窮桑之野、有神童自稱白帝子、交通而生小昊。簡狄呑卵而生契。姜嫄履跡而生弃。胎孕十四月而生堯。龍交大澤而生沛公。自此而降。豈可殫記。然則三國之始祖。皆發乎神異。何足怪哉。此紀異之所以漸諸篇也。意在斯焉。

古朝鮮。(王儉朝鮮。)

魏書云。乃往二千載。有壇君王儉。立都阿斯達。(經云無葉山。亦云白岳。在白州地。或云在開城東。今白岳宮是。)開國號朝鮮。與高同時。古記云。昔有桓因。(謂帝釋也。)庶子桓雄。數意天下。貪求人世。父知子意。下視三危太伯。可以弘益人間。乃授天符印三箇。遺往理之。雄率徒三千。降於太伯山頂(即太伯、今妙香山。)神壇樹下。謂之神市。是謂桓雄天王也。將風伯、雨師、雲師。而主穀、主命、主病、主刑、主善惡。凡主人間三百六十餘事。在世理化。時有一熊一虎。同穴而居。常祈于神雄。願化爲人。時神遺靈艾一炷、蒜二十枚。曰。爾輩食之。不見日光百日。便得人形。熊虎得而食之。忌三七日。熊得女身。虎不能忌。而不得人身。熊女者無與爲婚。故每於壇樹下呪願有孕。雄乃假化而婚之。孕生子。號曰壇君王倹。以唐高即位五十年庚寅(唐堯即位元年戊辰。則五十年丁巳、非庚寅也。疑其未實。)都平壤城。(今西京。)始稱朝鮮。又移都於白岳山阿斯達。又名弓(一作方)忽山。又今旀達。御國一千五百年。周虎王即位己卯。封箕子於朝鮮。壇君乃移於藏唐京。後還隱於阿斯達。爲山神。壽一千九百八歲。

唐裴矩傳云。高麗本孤竹國。(今海州。)周以封箕子爲朝鮮。漢分置三郡。謂玄菟、樂浪、帶方。(北帶方。)通典亦同此說。(漢書則眞、臨、樂、玄四郡。今云三郡。名又不同。何耶。)

魏滿朝鮮。

前漢朝鮮傳云。自始燕時。常略得眞番、朝鮮。師古曰。戰國時。燕國始略得此地也。爲置吏築障。秦滅燕。屬遼東外徼。漢興。爲遠難守。復修遼東故塞。至浿水爲界。師古曰。浿在樂浪郡。屬燕。燕王盧綰反入凶奴。燕人魏滿亡命。聚黨千餘人。東走出塞。渡浿水。居秦故空地上下障。稍役屬眞番、朝鮮、蠻夷、及故燕齊亡命者。王之。都王儉。李曰。地名。臣讃曰。王儉城在樂浪郡浿水之東。以兵威。侵降其旁小邑。眞番、臨屯皆來服屬。方數千里。傳子至孫右渠。師古曰。孫名右渠。眞番、辰國欲上書見天子。雍閼不通。師古曰。辰謂辰韓。元封二年。漢使涉何諭右渠。終不肯奉詔。何去至界。臨浿水。使馭刺殺送何者朝鮮裨王長。師古曰。送何者名也。即渡水。馭入塞。遂歸報。天子拜何爲遼東之部都尉。朝鮮怨何。襲攻殺何。天子遣樓舡將軍楊僕。從齊浮渤海。兵五萬。左將軍荀彘出遼。討右渠。右渠發兵距嶮。樓舡將軍將齊七千人。先到王儉。右渠城守。規知樓舡軍小。即出擊樓舡。樓舡敗走。僕失衆遁山中獲免。左將軍擊朝鮮浿水西軍。未能破。天子爲兩將未有利。乃使衛山因兵威、往諭右渠。右渠請降。遣太子獻馬。人衆萬餘。持兵。方渡浿水。使者及左將軍疑其爲變。謂太子已服。宜毋持兵。太子亦疑使者詐之。遂不渡浿水。復引歸。報。天子誅山。左將軍破浿水上軍。迺前至城下。圍其西北。樓舡亦往會居城南。右渠堅守。數月未能下。天子以久不能決。使故濟南太守公孫遂往正之。有便宜將以從事。遂至。縛樓舡將軍。幷其軍。與左將軍急擊朝鮮。朝鮮相路人、相韓陶、尼谿相參、將軍王唊。師古曰。尼谿地名。四人也。相與謀欲降。王不肯之。陶、唊、路人皆亡降漢。路人道死。元封三年夏。尼谿相參使人殺王右渠來降。王儉城未下。故右渠之大臣成巳又反。左將軍使右渠子長、路人子最、告諭其民。謀殺成巳。故遂定朝鮮。爲眞番　臨屯　樂浪　玄菟　四郡。

馬韓。

魏志云。魏滿擊朝鮮。朝鮮王準率宮人左右。越海而南至韓地。開國號馬韓。甄萱上太祖書云。昔馬韓先起。赫世勃興。於是百濟開國於金馬山。崔致遠云。馬韓、麗也。辰韓、羅也。據本紀。則羅先起甲子。麗後起甲申。而此云者。以王準言之耳。以此知東明之起、已幷馬韓而因之矣。故稱麗爲馬韓。今人或認金馬山、以馬韓爲百濟者。蓋誤濫也。麗地自有邑山。名馬韓也。

四夷。九夷。九韓。穢貊。周禮職方氏掌四夷九貊者。東夷之種、即九夷也。三國史云。溟州、古穢國。野人耕田、得穢王印獻之。又春州、古牛首州、古貊國。又或云。今朔州是貊國。或平壤城爲貊國。淮南子注云。東方之夷九種。論語正義云。九夷者。一玄菟、二樂浪、三高麗、四滿飾、五鳧臾、六索家、七東屠、八倭人、九天鄙。海東安弘記云。九韓者。一日本、二中華、三吳越、四乇羅、五鷹遊、六靺鞨、七丹國、八女眞、九穢貊。

二府、

前漢書。昭帝始元五年己亥。置二外府。謂朝鮮舊地平那、及玄菟郡等、爲平州都督府。臨屯、樂浪等兩郡之地、置東部都尉府。私曰。朝鮮傳、則眞番、玄菟、臨屯、樂浪等四。今有平那、無眞番。蓋一地二名也。

七十二國。

通典云。朝鮮之遺民分爲七十餘國。皆地方百里。後漢書云。西漢以朝鮮舊地初置爲四郡。後置二府。法令漸煩。分爲七十八國。各萬戶。（馬韓在西。有五十四小邑。皆稱國。辰韓在東。有十二小邑。各稱國。卞韓在南。有十二小邑。各稱國。）

樂浪國。

前漢時。始置樂浪郡。應邵曰。故朝鮮國也。　新唐書注云。平壤城、古漢之樂浪郡也。　國史云。赫居世三十年。樂浪人來投。　又第三弩禮王四年。高麗第三無恤王伐樂浪滅之。其國人與帶方（北帶方）　投于羅。又無恤王二十七年。光虎帝遣使伐樂浪。取其地爲郡縣。薩水已南屬漢。（據上諸文。樂浪即平壤城。宜矣。或云、樂浪牛頭山下靺鞨之界、薩水、今大同江也。未詳孰是。）　又百濟溫祚之言曰。東有樂浪。北有靺鞨。則殆古漢時樂浪郡之屬縣之地也。新羅人亦以稱樂浪。故今本朝亦因之而稱樂浪郡夫人。又太祖降女於金傅。亦曰樂浪公主。

北帶方。

北帶方、本竹覃城。新羅弩禮王四年。帶方人與樂浪人投于羅。此皆前漢所置二郡名。其後僭稱國。今來降。

南帶方。

曹魏時。始置南帶方郡。今南原府。故云。帶方之南海水千里。曰瀚海。後漢建安中。以馬韓南荒地爲帶方郡。倭韓遂屬。是也。

靺鞨一作勿吉渤海。

通典云。渤海、本粟末靺鞨。至其酋祚榮立國。自號震旦。先天中玄宗壬子。始去靺鞨號。專稱渤海。開元七年己未祚榮死。諡爲高王。世子襲立。明皇賜典冊襲王。私改年號。遂爲海東盛國。地有五京、十五府、六十二州。後唐天成初。契丹攻破之。其後爲丹所制。三國史云。儀鳳三年、高宗戊寅。高麗殘孽類聚。北依太伯山下。國號渤海。開元二十年間。明皇遣將討之。又聖德王三十二年玄宗甲戌。渤海靺鞨越海侵唐之登州。玄宗討之。又新羅古記云。高麗舊將祚榮姓大氏。聚殘兵。立國於大伯山南。國號渤海。按上諸文。渤海乃靺鞨之別種。但開合不同而已。按指掌圖。渤海在長城東北角外。賈耽郡國志云。渤海國之鴨淥、南海、扶餘、橻城四府。並是高麗舊地也。自新羅泉井郡。(地理志。朔州領縣有泉井郡。今湧州。)至橻城府。三十九驛。又三國史云。百濟末年。渤海、靺鞨、新羅分百濟地。(據此。則鞨海又分爲二國也。)羅人云。北有靺鞨。南有倭人。西有百濟。是國之害也。又靺鞨地接阿瑟羅州。又東明記云。卒本城地連靺鞨。(或云東眞。今)羅第六祇麻王十四年。(乙丑)靺鞨兵大入北境。襲大嶺柵。過泥河。後魏書。靺鞨作勿吉。指掌圖云。挹屢與勿吉皆肅愼也。黑水。沃沮。按東坡指掌圖。辰韓之北有南北黑水。按東明帝立十年滅北沃沮。溫祚王四十二年。南沃沮二十餘家來投新羅。又赫居世五十二年。東沃沮來獻良馬。則又有東沃沮矣。指掌圖。黑水在長城北。沃沮在長城南。

伊西國。

弩禮王十四年。伊西國人來攻金城。按雲門寺古傳、諸寺納田記云。貞觀六年壬辰。伊西郡今部付零味寺納田。則今部村今淸道地。

即淸道郡古伊西郡也。

五伽耶。按駕洛記贊云。垂一紫纓。下六圓卵。五歸各邑。一在玆城。則一爲首露王。餘五各爲五伽耶之主。金官不入五數。當矣。而本朝史略。並數金官。而濫記昌寧。誤。

阿羅一作耶。伽耶。今咸安。古寧伽耶。今咸寧。大伽耶。今高靈。星山伽耶。今京山。一云碧珍。小伽耶。今固城。又本朝史畧云。太祖天福五年庚子。改五伽耶名。一、金官。爲金海府。二、古寧。爲加利縣。三、非火。今昌寧。恐高靈之訛。餘二、阿羅、星山。同前。星山或作碧珍伽耶。

北扶餘。

古記云。前漢書宣帝神爵三年壬戌四月八日。天帝降于訖升骨城。在大遼醫州界。乘五龍車。立都稱王。國號北扶餘。自稱名解慕漱。生子名扶婁。以解爲氏焉。王後因上帝之命。移都于東扶餘。東明帝繼北扶餘而興。立都于卒本川。爲卒本扶餘。即高句麗之始祖。

東扶餘。

北扶餘王解夫婁之相阿蘭弗。夢天帝降而謂曰。將使吾子孫。立國於此。汝其避之。(謂東明將興之兆也。)東海之濱有地。名迦葉原。土壤膏腴。宜立王都。阿蘭弗勸王。移都於彼國。號東扶餘。夫婁老無子。一日祭山川求嗣。所乘馬至鯤淵。見大石。相對俠流。王怪之使人轉其石。有小兒。金色蛙形。王喜曰。此乃天賚我令胤乎。乃收而養之。名曰金蛙。及其長。爲太子。夫婁薨。金蛙嗣位爲王。次傳位于太子帶素。至地皇三年壬午。高麗王無恤伐之。殺王帶素。國除。

高句麗。

高句麗。即卒本扶餘也。或云。今和州、又成州等。皆誤矣。卒本州在遼東界。國史高麗本記云。始祖東明聖帝。姓、言氏。諱、朱蒙。先是。北扶餘王解夫婁既避地于東扶餘。及夫婁薨。金蛙嗣位。于時得一女子於太伯山南優渤水。問之。云。我是河伯之女。名柳花。與諸弟出遊。時有一男子。自言天帝子解慕漱。誘我於熊神山下鴨淥邊室中。私之而往不返。(壇君記云。君與西河河伯女要親。有產子。名曰夫婁。今按此記。則解慕漱私河伯之女。而後產朱蒙。壇君記云。產子名曰夫婁。夫婁與朱蒙異母兄弟也。)父母責我無媒而從人。遂謫居于此。金蛙異之。幽閉於室中。爲日光所照。引身避之。日影又逐而照之。因而有孕。生一卵。大五升許。王弃之與犬猪。皆不食。又弃之路。牛馬避之。弃之野。鳥獸覆之。王欲剖之、而不能破。乃還其母。母以物裹之。置於暖處。有一兒破殼而出。骨表英奇。年甫七歲。岐嶷異常。自作弓矢。百發百中。國俗謂善射爲朱蒙。故以名焉。金蛙有七子。常與朱蒙遊戲。技能莫及。長子帶素言於王曰。朱蒙非人所生。若不早圖。恐有後患。王不聽。使之養馬。朱蒙知其駿者、減食令瘦。駑者善食令肥。王自乘肥。瘦者給蒙。王之諸子與諸臣將謀害之。蒙母知之。告曰。國人將害汝。以汝才略。何往不可。宜速圖之。於是蒙與烏伊等三人爲友。行至淹水。(今未詳。)告水曰。我是天帝子。河伯孫。今日逃遁。追者垂及。奈何。於是魚鼈成橋。得渡而橋解。追騎不能渡。至卒本州。(玄菟郡之界。)遂都焉。未遑作宮室。但結廬於沸流水上居之。國號高句麗。因以高爲氏。(本姓解也。今自言是天帝子、承日光而生。故自以高爲氏。)時年十二歲。漢孝元帝建昭二年甲申歲。即位稱王。　高麗全盛之日。二十一萬五百八戶。珠琳傳第二十一卷載。昔寧稟離王侍婢有娠。相者占之曰。貴而當王。王曰。非我之胤也。當殺之。婢曰。氣從天來。故我有娠。及子之產。謂爲不祥。捐圈則猪噓。弃欄則馬乳。而得不死。卒爲扶餘之王。（即東明帝爲卒本扶餘王之謂也。此卒本扶餘。亦是北扶餘之別都。故云扶餘王也。寧稟離乃夫婁王之異稱也。）

卞韓。　百濟。（亦云南扶餘。即泗沘城也。）

新羅始祖赫居世即位十九年壬午。卞韓人以國來降。新舊唐書云。卞韓苗裔在樂浪之地。　後漢書云。卞韓在南。馬韓在西。辰韓在東致遠云。卞韓、百濟也。　按本記。溫祚之起在鴻嘉四年甲辰。則後於赫世東明之世四十餘年。而唐書云。卞韓苗裔在樂浪之地云者。謂溫祚之系出自東明。故云耳。或有人出樂浪之地。立國於卞韓。與馬韓等並峙者。在溫祚之前爾。非所都在樂浪之地也。或者濫九龍山亦名卞那山。故以高句麗爲卞韓者蓋謬。當以古賢之說爲是。百濟地自有卞山。故云卞韓。百濟全盛之時。十五萬二千三百戶。

辰韓。亦作秦韓。

後漢書云。辰韓者老自言。秦之亡人來適韓國。而馬韓割東界地以與之。相呼爲徒。有似秦語。故或名之爲秦韓。有十二小國。各萬戶。稱國。又崔致遠云。辰韓本燕人避之者。故取涿水之名。稱所居之邑里。云沙涿、漸涿等。羅人方言。讀涿音爲道。故今或作沙梁。梁亦讀道。新羅全盛之時。京中十七萬八千九百三十六戶。一千三百六十坊。五十五里。三十五金入宅言富潤大宅也。南宅。北宅。亐比所宅。本彼宅。梁宅。池上宅。本彼部。財買井宅。庾信公祖宗。北維宅。南維宅。反香寺下坊。隊宅。賓支宅。反香寺北。長沙宅。上櫻宅。下櫻宅。水望宅。泉宅。楊上宅。梁南。漢岐宅。法流寺南。鼻穴宅。同上。板積宅。芬皇寺上坊。別教宅。川北。衙南宅。金楊宗宅。梁官寺南。曲水宅。川北。柳也宅。寺下宅。沙梁宅。井上宅。里南宅。亐所宅。思內曲宅。池宅。寺上宅。大宿宅。林上宅。靑龍之寺東方有池。橋南宅。巷吒宅。（本彼部。）　樓上宅。　里上宅。　椧南宅。　井下宅。

又四節遊宅。

春、東野宅。　夏、谷良宅。　秋、仇知宅。　冬、加伊宅。

第四十九憲康大王代。城中無一草屋。接角連墻。歌吹滿路。晝夜不絕。

新羅始祖。　赫居世王。

辰韓之地。古有六村。一曰、閼川楊山村。南今曇嚴寺。長曰謁平。初降于瓢嵓峯。是爲及梁部李氏祖。（奴禮王九年置。名及梁部。本朝太祖天福五年庚子。改名中興部。波潛、東山、彼上、東村屬焉。）二曰、突山高墟村。長曰蘇伐都利。初降于兄山。是爲沙梁部（梁讀云道。或作涿。亦音道。）鄭氏祖。今曰南山部。仇良伐、麻等烏、道北、廻德等南村屬焉。（稱今曰者。大祖所置也。下例知。）三曰、茂山大樹村。長曰俱（一作仇。）禮馬。初降于伊山。（一作皆比山。）是爲漸梁（一作涿）部、又牟梁部孫氏之祖。今云長福部。朴谷村等西村屬焉。四曰、觜山珍支村。（一作賓之。又賓子。又氷之）長曰智伯虎。初降于花山。是爲本彼部崔氏祖。今曰通仙部。柴巴等東南村屬焉。致遠乃本彼部人也。今皇龍寺南、味呑寺南有古墟云。是崔侯古宅也。殆明矣。　五曰、金山加利村。今金剛山栢栗寺之北山也。　長曰祗沱。一作只他　初降于明活山。是爲漢岐部、又作韓歧部、裵氏祖。今云加德部。上下西知、乃兒等東村屬焉。　六曰、明佸山高耶村。長曰虎珍。初降于金剛山。是爲習比部薛氏祖。今臨川部。勿伊村、仍仇旀村、闕谷一作葛谷等東北村屬焉。　按上文。此六部之祖、似皆從天而降。弩禮王九年。始改六部名。又賜六姓。今俗中興部爲母。長福部爲父。臨川部爲子。加德部爲女。其實未詳。前漢地節元年壬子古本云。建虎元年。又云建元三年等。皆誤。　三月朔。六部祖各率子弟、俱會於閼川岸上。議曰。我輩上無君主臨理蒸民。民皆放逸。自從所欲。盍覓有德人、爲之君主、立邦設都乎。於是乘高南望。楊山下蘿井傍。異氣如電光垂地。有一白馬跪拜之狀。尋撿之。有一紫卵。一云靑大卵　馬見人長嘶上天。剖其卵得童男。形儀端美。驚異之。浴於東泉。東泉寺在詞腦野北　身生光彩。鳥獸率舞。天地振動。日月清明。因名赫居世王。（蓋鄉言也。或作弗矩內王。言光明理世也。說者云。是西述聖母之所誕也。故中華人讚仙桃聖母。有娠賢肇邦之語是也。乃至雞龍現瑞產閼英。又焉知非西述聖母之所現耶。）位號曰居瑟邯。（或作居西干。初開口之時。自稱云閼智居西干。一起因其言稱之。自後爲王者之尊稱。）時人爭賀曰。今天子已降。宜覓有德女君配之。是日。沙梁里閼英井（一作娥利英井）邊。有雞龍現。而左脇誕生童女。（一云龍現死。而剖其腹得之。）姿容殊麗。然而唇似雞觜。將浴於月城北川。其觜撥落。因名其川曰撥川。營宮室於南山西麓。（今昌林寺。）奉養二聖兒。男以卵生。卵如瓠。鄉人以瓠爲朴。故因姓朴。女以所出井名名之。二聖年至十三歲。以五鳳元年甲子。男立爲王。仍以女爲后。國號徐羅伐。又徐伐。（今俗訓京字云徐伐。以此故也。）或云斯羅。又斯盧。初王生於雞井。故或云雞林國。以其雞龍現瑞也。一說。脫解王時得金閼智。而雞鳴於林中。乃改國號爲雞林。後世遂定新羅之號。理國六十一年。王升于天。七日後。遺體散落于地。后亦云亡。國人欲合而葬之。有大蛇逐禁。各葬五體爲五陵。亦名蛇陵。曇嚴寺北陵是也。大子南解王繼位。

第二、南解王。

南解居西干。亦云次次雄。是尊長之稱。唯此王稱之。父赫居世。母閼英夫人。妃雲帝夫人。一作雲梯。今迎日縣西有雲梯山聖母。祈旱有應。前漢平帝元始四年甲子。即位。御理二十一年。以地皇四年甲申崩。此王乃三皇之弟一云。按三國史云。新羅稱王曰居西干。辰言王也。或云。呼貴人之稱。或曰。次次雄、或作慈充。　金大問云。次次雄方言謂巫也。世人以巫事鬼神、尙祭祀。故畏敬之。遂稱尊長者爲慈充。或云。尼師今、言謂齒理也。初南解王薨。子弩禮讓位於脫解。解云。吾聞聖智人多齒。乃試以餅噬之。古傳如此。或曰麻立干。立一作袖。　金大問云。麻立者、方言謂橛也。橛標准位而置。則王橛爲主。臣橛列於下。因以名之。史論曰。新羅稱居西干、次次雄者一。尼師今者十六。麻立干者四。羅末名儒崔致遠作帝王年代曆。皆稱某王。不言居西干等。豈以其言鄙野不足稱之也。今記新羅事。具存方言、亦宜矣。羅人凡追封者稱葛文王。未詳。此王代樂泿國人來侵金城。不克而還。又天鳳五年戊寅。高麗之裨屬七國來投。

第三、弩禮王。

朴弩禮尼叱今。（一作儒禮王。）初王與妹夫脫解讓位。脫解云。凡有德者多齒。宜以齒理試之。乃咬餅驗之。王齒多。故先立。因名尼叱今。尼叱今之稱自此王始。劉聖公更始元年癸未。即位。（年表云。甲申即位。）改定六部號。仍賜六姓。始作兜率歌。有嗟辭詞腦格。始製黎耜及藏氷庫。作車乘。建虎十八年。伐伊西國滅之。是年。高麗兵來侵。

第四、脫解王。

脫解齒叱今。（一作吐解尼師今。）南解王時。（古本云壬寅年至者謬矣。近則後於弩禮即位之初。無爭讓之事。前則在於赫居之世。故知壬寅非也。）駕洛國海中有船來泊。其國首露王與臣民鼓譟而迎。將欲留之。而舡乃飛走。至於雞林東下西知村阿珍浦。（今有上西知、下西知村名。）時浦邊有一嫗。名阿珍義先。乃赫居王之海尺之母。望之謂曰。此海中元無石嵓。何因鵲集而鳴。拏舡尋之。鵲集一舡上。舡中有一櫃子。長二十尺。廣十三尺。曳其船置於一樹林下。而未知凶乎吉乎。向天而誓爾。俄而乃開見。有端正男子。幷七寶奴婢滿載其中。供給七日。廼言曰。我本龍城國人。(亦云正明國。或云琓夏國。琓夏或作花厦國。龍城在倭東北一千里。)我國嘗有二十八龍王。從人胎而生。自五歲六歲繼登王位。敎萬民修正性命。而有八品姓骨。然無棟擇。皆登大位。時我父王含達婆娉積女國王女爲妃。久無子胤。禱祀求息。七年後産一大卵。於是大王會問羣臣。人而生卵。古今未有。殆非吉祥。乃造櫝置我。幷七寶奴婢載於舡中。浮海而祝曰。任到有緣之地。立國成家。便有赤龍護舡而至此矣。言訖。其童子曳杖率二奴、登吐含山上、作石塚。留七日。望城中可居之地。見一峯如三日月。勢可久之地。乃下尋之。即瓠公宅也。乃設詭計。潛埋礪炭於其側。詰朝至門云。此是吾祖代家屋。瓠公云否。爭訟不決。乃告于官。官曰。以何驗是汝家。童曰。我本冶匠。乍出隣鄉。而人取居之。請堀地撿看。從之。

果得礪炭。乃取而居焉。時南解王知脫解是智人。以長公主妻之。是爲阿尼夫人。一日吐解登東岳。廻程次。令白衣索水飲之。白衣汲水。中路先嘗而進。其角盃貼於口不解。因而嘖之。白衣誓曰。爾後若近遙不敢先嘗。然後乃解。自此白衣讋服。不敢欺罔。今東岳中有一井。俗云遙乃井是也。及弩禮王崩。以光虎帝中元二年丁巳六月。乃登王位。以昔是吾家取他人家。故因姓昔氏。或云。因鵲開櫝。故去鳥字姓昔氏。解櫝脫卵而生。故因名脫解。在位二十三年。建初四年己卯崩。葬疏川丘中。後有神詔。愼埋葬我骨。其髑髏周三尺二寸。身骨長九尺七寸。齒凝如一。骨節皆連瑣。所謂天下無敵力士之骨。碎爲塑像。安闕內。神又報云。我骨置於東岳。故令安之。（一云。崩後二十七世文虎王代。調露二年庚辰三月十五日辛酉夜。見夢於太宗。有老人貌甚威猛。曰我是脫解也。拔我骨於疏川丘。塑像安於工含山。王從其言。故至今國祀不絕。即東岳神也云。）

金閼智。脫解王代。

永平三年庚申（一云中元六年。誤矣。中元盡二年而已。）八月四日。瓠公夜行月城西里。見大光明於始林中。（一作鳩林）有紫雲從天垂地。雲中有黃金櫃。掛於樹枝。光自櫃出。亦有白雞鳴於樹下。以狀聞於王。駕幸其林。開櫃有童男。臥而即起。如赫居世之故事。故因其言。以閼智名之。閼智即鄉言小兒之稱也。抱載還闕。鳥獸相隨。喜躍蹌蹌。王擇吉日。冊位太子。後讓故婆娑。不即王位。因金櫃而出。乃姓金氏。閼智生勢漢。漢生阿都。都生首留。留生郁部。部生俱道。（一作仇刀。）道生未鄒。鄒即王位。新羅金氏自閼智始。

延烏郞。細烏女。

第八阿達羅王即位四年丁酉。東海濱有延烏郞細烏女。夫婦而居。一日延烏歸海採藻。忽有一巖。（一云一魚）負歸日本。國人見之曰。此非常人也。乃立爲王。（按日本帝記。前後無新羅人爲王者。此乃邊邑小王、而非眞王也。）細烏恠夫不來歸尋之。見夫脫鞋。亦上其巖。巖亦負歸如前。其國人驚訝。奏獻於王。夫婦相會。立爲貴妃。是時新羅日月無光。日者奏云。日月之精、降在我國。今去日本。故致斯怪。王遣使求二人。延烏曰。我到此國。天使然也。今何歸乎。雖然朕之妃有所織細綃。以此祭天可矣。仍賜其綃。使人來奏。依其言而祭之。然後日月如舊。藏其綃於御庫爲國寶。名其庫爲貴妃庫。祭天所。名迎日縣。又都祈野。

未鄒王。 竹葉軍。

第十三、未鄒尼叱今。（一作未祖。又未古。）金閼智七世孫。赫世紫纓。仍有聖德。受禪于理解。始登王位。（今俗稱王之陵爲始祖堂。蓋以金氏始登王位。故後代金氏諸王皆以未鄒爲始祖。宜矣。）在位二十三年而崩。陵在興輪寺東。第十四儒理王代。伊西國人來攻金城。我大擧防禦。久不能抗。忽有異兵來助。皆珥竹葉。與我軍并力。擊賊破之。軍退後不知所歸。但見竹葉積於未鄒陵前。乃知先王陰隲有功。因呼竹現陵。越三十七世惠恭王代。大曆十四年己未四月。忽有旋風。從庾信公塚起。中有一人。乘駿馬。如將軍儀狀。亦有衣甲器仗者四十許人。隨從而來。入於竹現陵。俄而陵中似有振動哭泣聲。或如告訴之音。其言曰。臣平生有輔時救難匡合之功。今爲魂魄。鎭護邦國。攘災救患之心。暫無渝改。往者庚戌年。臣之子孫無罪被誅。君臣不念我之功烈。臣欲遠移他所。不復勞勤。願王允之。王答曰。惟我與公不護此邦。其如民庶何。公復努力如前。三請、三不許。旋風乃還。王聞之懼。乃遣工臣金敬信。就金公陵謝過焉。爲公立功德寶田三十結于鷲仙寺。以資冥福。寺乃金公討平壤後、植福所置故也。非未鄒之靈。無以遏金公之怒。王之護國不爲不大矣。是以邦人懷德。與三山同祀而不墜。躋秩于五陵之上。稱大廟云。

奈勿王。一作、那密王。　金堤上。

第十七、那密王即位三十六年庚寅。倭王遣使來朝曰。寡君聞大王之神聖。使臣等以告百濟之罪於大王也。願大王遣一王子、表誠心於寡君也。於是王使第三子美海。一作未叱喜。以聘於倭。美海年十歲。言辭動止猶未備具。故以內臣朴娑覽爲副使而遣之。倭王留而不送三十年。至訥祇王即位三年己未。句麗長壽王遣使來朝云。寡君聞大王之弟寶海秀智才藝。願與相親。特遣小臣懇請。王聞之幸甚。因此和通。命其弟寶海。道於句麗。以內臣金武謁爲輔而送之。長壽王又留而不送。至十年乙丑。王召集群臣及國中豪俠。親賜御宴。進酒三行。衆樂初作。王垂涕而謂群臣曰。昔我聖考誠心民事。故使愛子東聘於倭。不見而崩。又朕即位已來。隣兵甚熾。戰爭不息。句麗獨有結親之言。朕信其言。以其親弟聘於句麗。句麗亦留而不送。朕雖處富貴。而未嘗一日暫忘而不哭。若得見二弟共謝於先主之廟。則能報恩於國人。誰能成其謀策。時百官咸奏曰。此事固非易也。必有智勇方可。臣等以爲歃羅郡大守堤上可也。於是王召問焉。堤上再拜對曰。臣聞主憂臣辱。主辱臣死。若論難易而後行。謂之不忠。圖死生而後動。謂之無勇。臣雖不肖。願受命行矣。王甚嘉之。分觴而飲。握手而別。堤上簾前受命。徑趨北海之路。變服入句麗。進於寶海所。共謀逸期。先以五月十五日歸。泊於高城水口而待。期日將至。寶海稱病。數日不朝。乃夜中逃出。行到高城海濱。王知之。使數十人追之。至高城而及之。然寶海在句麗。常施恩於左右。故其軍士憫傷之。皆拔箭鏃而射之。遂免而歸。王旣見寶海。益思美海。一欣一悲。垂淚而謂左右曰。如一身有一臂、一面一眼。雖得一而亡一。何敢不痛乎。時堤上聞此言。再拜辭朝而騎馬。不入家而行。直至於栗浦之濱。其妻聞之。走馬追至栗浦。見其夫已在舡上矣。妻呼之切懇。堤上但搖手而不駐。行至倭國。詐言曰。雞林王以不罪殺我父兄。故逃來至此矣。倭王信之。賜室家而安之。時堤上常陪美海遊海濱。逐捕魚鳥。以其所獲每獻於倭王。王甚喜之而無疑焉。適曉霧濛晦。堤上曰。可行矣。美海曰。然則偕行。堤上曰。臣若行。恐倭人覺而追之。願臣留而止其追也。美海曰。今我與汝如父兄焉。何得弃汝而獨歸。堤上曰。臣能救公之命。而慰大王之情。則足矣。何願生乎。取酒獻美海。時雞林人康仇麗在倭國。以其人從而送之。堤上入美海房。至於明旦。左右欲入見之。堤上出止之曰。昨日馳走於捕獵。病甚。未起。及乎日暮。左右恠之而更問焉。對曰。美海行已久矣。左右奔告於王。王使騎兵逐之。不及。於是囚堤上問曰。汝何竊遣汝國王子耶。對曰。臣是雞林之臣。非倭國之臣。今欲成吾君之志耳。何敢言於君乎。倭王怒曰。今汝已爲我臣。而言雞林之臣。則必具五刑。若言倭國之臣者。必賞重祿。對曰。寧爲雞林之犬㹠。不爲倭國之臣子。寧受雞林之箠楚。不受倭國之爵祿。王怒。命屠剝堤上脚下之皮。刈蒹葭使趨其上。(今蒹葭上有血痕。俗云堤上之血。)更問曰。汝何國臣乎。曰雞林之臣也。又使立於熱鐵上。問何國之臣乎。曰雞林之臣也。倭王知不可屈。燒殺於木島中。美海渡海而來。使康仇麗先告於國中。王驚喜。命百官迎於屈歇驛。王與親弟寶海迎於南郊。入闕設宴。大赦國內、冊其妻爲國大夫人。以其女子爲美海公夫人。議者曰。昔漢臣周苛在滎陽。爲楚兵所虜。項羽謂周苛曰。汝爲我臣。封爲萬祿侯。周苛罵而不屈。爲楚王所殺。堤上之忠烈。無怍於周苛矣。初堤上之發去也。夫人聞之追不及。及至望德寺門南。沙上放臥長號。因名其沙曰長沙。親戚二人扶腋將還。夫人舒脚。坐不起。名其地曰伐知旨。久後夫人不勝其慕。率三娘子上鵄述嶺。望倭國痛哭而終。仍爲鵄述神母。今祠堂存焉。

第十八、實聖王。

義凞九年癸丑。平壤州大橋成。（恐南平壤也。今楊州。）王忌憚前王太子訥祇有德望。將害之。請高麗兵而詐迎訥祇。高麗人見訥祇有賢行。乃倒戈而殺王。乃立訥祇爲王而去。

射琴匣。

第二十一毗處王（一作炤智王。）即位十年戊辰。幸於天泉亭。時有烏與鼠來鳴。鼠作人語云。此烏去處尋之。（或云。神德王欲行香興輪寺。路見衆鼠含尾。怪之而還占之。明日先鳴烏尋之云云。此說非也。）王命騎士追之。南至避村。（今壤避寺村在南山東麓。）兩猪相鬪。留連見之。忽失烏所在。

徘徊路旁。時有老翁自池中出奉書。外面題云。開見二人死。不開一人死。使來獻之。王曰。與其二人死。莫若不開但一人死耳。日官奏云。二人者庶民也。一人者王也。王然之開見。書中云。射琴匣。王入宮見琴匣射之。乃內殿焚修僧與宮主潛通而所奸也。二人伏誅。自爾國俗每正月上亥上子上午等日。忌愼百事。不敢動作。以十五日爲烏忌之日。以糯飯祭之。至今行之。俚言怛忉。言悲愁而禁忌百事也。命其池曰書出池

智哲老王。

第二十二。智哲老王。姓金氏。名智大路。又智度路。諡曰智澄。諡號始于此。又鄉稱王爲麻立干者。自此王始。王以永元二年庚辰即位。或云辛巳。則三年也。王陰長一尺五寸。難於嘉耦。發使三道求之。使至牟梁部。冬老樹下見二狗嚙一屎塊如鼓大。爭嚙其兩端。訪於里人。有一小女告云。此部相公之女子洗澣于此。隱林而所遺也。尋其家檢之。身長

七尺五寸。具事奏聞。王遣車邀入宮中。封爲皇后。群臣皆賀。　又阿瑟羅州。（今溟州）東海中。便風二日程。有亐陵島。（今作羽陵。）周廻二萬六千七百三十步。島夷恃其水深。憍傲不臣。王命伊喰朴伊宗。將兵討之。宗作木偶師子。載於大艦之上。威之云。不降則放此獸。島夷畏而降。賞伊宗爲州伯。

眞興王。

四、眞興王。即位時年十五歲。太后攝政。太后乃法興王之女立宗葛文王之妃。終時削髮。被法衣而逝。承聖三年九月。百濟兵來侵於珍城。掠取人男女三萬九千、馬八千匹而去。先是。百濟欲與新羅合兵、謀伐高麗。眞興曰。國之興亡在天。若天未厭高麗。則我何敢望焉。乃以此言通高麗。高麗感其言。與羅通好。而百濟怨之。故來爾。

桃花女。　鼻荆郎。

第二十五、舍輪王。謚眞智大王。姓金氏。妃起烏公之女、知刀夫人。大建八年丙申即位。(古本云十一年己亥。誤矣。)御國四年。政亂荒婬。國人廢之。前此。沙梁部之庶女。姿容艷美。時號桃花娘。王聞而召致宮中。欲幸之。女曰。女之所守。不事二夫。有夫而適他。雖萬乘之威。終不奪也。王曰。殺之何。女曰。寧斬于市。有願靡他。王戲曰。無夫則可乎。曰可。王放而遣之。是年。王見廢而崩。後二年。其夫亦死。浹旬忽夜中。王如平昔來於女房曰。汝昔有諾。今無汝夫。可乎。女不輕諾。告於父母。父母曰。君王之教。何以避之。以其女入於房。留御七日。常有五色雲覆屋。香氣滿室。七日後忽然無蹤。女因而有娠。月滿將產。天地振動。產得一男。名曰鼻荆。眞平大王聞其殊異。收養宮中。年至十五。授差執事。每夜逃去遠遊。王使勇士五十人守之。每飛過月城。西去荒川岸上。(在京城西)率鬼衆遊。勇士伏林中窺伺。鬼衆聞諸寺曉鐘各散。郞亦歸矣。軍士以事來奏。王召鼻荆曰。汝領鬼遊、信乎。郞曰然。王曰。然則汝使鬼衆成橋於神元寺北渠。一作神衆寺。誤。一云荒川東深渠。一荊奉勅。使其徒鍊石。成大橋於一夜。故名鬼橋。王又問。鬼衆之中。有出現人間、輔朝政者乎。曰有吉達者。可輔國政。王曰與來。翌日荊與俱見。賜爵執事。果忠直無雙。時角干林宗無子。王勅爲嗣子。林宗命吉達創樓門於興輪寺南。每夜去宿其門上。故名吉達門。一日吉達變狐而遁去。荊使鬼捉而殺之。故其衆聞鼻荊之名。怖畏而走。時人作詞曰。 聖帝魂生子、鼻荊郎室亭。飛馳諸鬼衆。此處莫留停。鄉俗帖此詞以辟鬼。

天賜玉帶 淸泰四年丁酉五月。正承金傅獻鐫金粧玉排方腰帶一條。長十圍。鐫銙六十二。曰是眞平王天賜帶也。太祖受之。藏之內庫。

第二十六、白淨王。諡眞平大王。金氏。大建十一年己亥八月即位。身長十一尺。駕幸內帝釋宮。亦名天柱寺。王之所創。踏石梯。三石並折。王謂左右曰不動此石。以示後來。即城中五不動石之一也。即位元年。有天使降於殿庭。謂王曰。上皇命我傳賜玉帶。王親奉跪受。然後其使上天。凡郊廟大祀皆服之。後高麗王將謀伐羅。乃曰。新羅有三寶不可犯。何謂也。皇龍寺丈六尊像、一。其寺九層塔、二。眞平王天賜玉帶、三也。乃止其謀。讃曰。　雲外天頒玉帶圍。辟雍龍袞雅相宜。吾君自此身彌重。准擬明朝鐵作墀。

善德王知幾三事。

第二十七、德曼。一作万　謚善德女大王。姓金氏。父眞平王。以貞觀六年壬辰卽位。御國十六年。凡知幾有三事。初唐太宗送畫牧丹、三色紅紫白、以其實三升。王見畫花曰。此花定無香。仍命種於庭。待其開落。果如其言。二。於靈廟寺玉門池。冬月衆蛙集鳴三四日。國人怪之問於王。王急命角干閼川、弼吞等。鍊精兵二千人。速去西郊。問女根谷。必有賊兵。掩取殺之。二角干旣受命。各率千人問西郊。富山下果有女根谷。百濟兵五百人。來藏於彼。並取殺之。百濟將軍亐召者。藏於南山嶺石上。又圍而射之殪。又有後兵一千二百人來。亦擊而殺之。一無子遺。三。王無恙時。謂群臣曰。朕死於其年某月日。葬我於忉利天中。群臣罔知其處。奏云何所。王曰。狼山南也。至其月日王果崩。群臣葬於狼山之陽。後十餘年。文虎大王創四天王寺於王墳之下。佛經云。四天王天之上有忉利天。乃知大王之靈聖也。當時群臣啓於王曰。何知花蛙二事之然乎。王曰。畫花而無蝶。知其無香。斯乃唐帝欺寡人之無耦也。蛙有怒形。兵士之像。玉門者女根也。女爲陰也。其色白。白西方也。故知兵在西方。男根入於女根。則必死矣。以是知其易捉。於是群臣皆服其聖智。送花三色者。盖知新羅有三女王而然耶。謂善德、眞德、眞聖是也。唐帝以有懸解之明。善德之創靈廟寺。具載良志師傳詳之。　別記云。是王代。鍊石築瞻星臺。

眞德王。

第二十八、眞德女王。卽位。自製大平歌。織錦爲紋。命使往唐獻之。一本。命春秋公爲使。往仍請兵。太宗嘉之。許蘇廷方云云者。皆謬矣。現慶前。春秋已登位。現慶庚申。非太宗、乃高宗之世。定方之來。在現慶庚申。故知織錦爲紋。非請兵時也。在眞德之世。當矣。盖請放欽純之時也。唐帝嘉賞之。改封爲雞林國王。其詞曰。　大唐開洪業。巍巍皇猷昌。止戈戎威定。修文契百王。統天崇雨施。理物體含章。深仁諧日月。撫運邁虞唐。幡旗何赫赫。錚皷何鍠鍠。外夷違命者。剪覆被天殃。淳風凝幽現。遐邇競呈祥。四時和玉燭。七曜巡万方。維嶽降輔宰。維帝任忠良。五三成一德。昭我唐家皇。　王之代有閼川公、林宗公、述宗公、虎林公、(慈藏之父)廉長公、庾信公。會于南山亐知巖。議國事。時有大虎走入座間。諸公驚起。而閼川公略不移動。談笑自若。捉虎尾撲於地而殺之。閼川公膂力如此。處於席首。然諸公皆服庾信之威。新羅有四靈地。將議大事。則大臣必會其地謀之。則其事必成。一、東曰青松山。二曰、南亐知山。三曰、西皮田。四曰、北金剛山。是王代始行正旦禮。始行侍郞號。

金庾信。

虎力伊干之子舒玄角干金氏之長子曰庾信。弟曰欽純。姊妹曰寶姬、小名阿海。妹曰文姬、小名阿之。庾信公以眞平王十七年乙卯生。

禀精七曜。故背有七星文。又多神異。年至十八壬申。修釰得術。爲國仙。時有白石者。不知其所自來。屬於徒中有年。郎以伐麗濟之事。日夜深謀。白石知其謀。告於郎曰。僕請與公密先探於彼。然後圖之何如。郎喜。親率白石夜出行。方憩於峴上。有二女隨郎而行。至骨火川留宿。又有一女忽然而至。公與三娘子喜話之時。娘等以美菓餽之。郎受而啖之。心諾相許。乃說其情。娘等告云。公之所言。已聞命矣。願公謝白石。而共入林中。更陳情實。乃與俱入。娘等便現神形曰。我等奈林、穴禮、骨火等三所護國之神。今敵國之人誘郎引之。郎不知而進途。我欲留郎而至此矣。言訖而隱。公聞之驚仆。再拜而出。宿於骨火館。謂白石曰。今歸他國。忘其要文。請與爾還家取來。遂與還至家。拷縛白石。而問其情。曰。我本高麗人。(古本云百濟。誤矣。楸南乃高麗之士。又逆行陰陽亦是寶藏王事。)我國群臣曰。新羅庾信。是我國卜筮之士楸南也。(古本作春南。誤矣。)國界有逆流之水。(或云雄雌丸反覆之事。)使其卜之。奏曰。大王夫人逆陰陽之道。其瑞如此。大王驚恠。而王妃大怒。謂是妖狐之語。告於王。更以他事驗問之。失言則加重刑。乃以一鼠藏於合中。問是何物。其人奏曰。是必鼠。其命有八。乃以謂失言。將加斬罪。其人誓曰。吾死之後。願爲大將。必滅高麗矣。即斬之。剖鼠腹而視之。其命有七。於是知前言有中。其日夜大王夢。楸南入于新羅舒玄公夫人之懷。以告於群臣。皆曰。楸南誓心而死。是其果然。故遣我至此謀之爾。公乃刑白石。備百味祀三神。皆現身受奠。金氏宗財買夫人死。葬於靑淵上谷。因名財買谷。每年春月。一宗士女會宴於其谷之南澗。于時百卉敷榮。松花滿洞府。林谷口架築爲庵。因名松花房。傳爲願刹。至五十四景明王。追封公爲興虎大王。陵在西山毛只寺之北、東向走峰。

太宗春秋公。

第二十九、太宗大王。名春秋。姓金氏。龍樹（一作龍春）角干追封文興大王之子也。妣、眞平大王之女、天明夫人。妃、文明皇后文姬。即庾信公之季妹也。初文姬之姊寶姬。夢登西岳捨溺。瀰滿京城。旦與妹說夢。文姬聞之謂曰。我買此夢。姊曰。與何物乎。曰。鬻錦裙可乎。姊曰。諾。妹開襟受之。姊曰。疇昔之夢傳付於汝。妹以錦裙酬之。後旬日。庾信與春秋公。正月午忌日。(見上射琴匣事。乃崔致遠之說。)蹴鞠于庾信宅前。(羅人謂蹴鞠爲弄珠之戲。)故踏春秋之裙。裂其襟紐。曰。請入吾家縫之。公從之。庾信命阿海奉針。海曰。豈以細事輕近貴公子乎。因辭。(古本云。因病不進。)乃命阿之。公知庾信之意。遂幸之。自後數數來往。庾信知其有娠。乃嘖之曰。爾不告父母而有娠何也。乃宣言於國中。欲焚其妹。一日俟善德王遊幸南山。積薪於庭中。焚火烟起。王望之問何烟。左右奏曰。殆庾信之焚妹也。王問其故。曰。爲其妹無夫有娠。王曰。是誰所爲。時公昵侍在前。顏色大變。王曰。是汝所爲也。速往救之。公受命馳馬。傳宣沮之。自後現行婚禮。眞德王薨。以永徽五年甲寅即位。御國八年。龍朔元年辛酉崩。壽五十九歲。葬於哀公寺東。有碑。王與庾信神謀戮力。一統三韓。有大功於社稷。故廟號太宗。太子法敏、角干仁問、角干文王、角干老旦、角干智鏡、角干愷元等。皆文姬之所出也。當時買夢之徵現於此矣。庶子曰皆知文級干、車得令公、馬得阿干。幷女五人。王膳一日飯米三斗、雄雉九首。自庚申年滅百濟後。除晝饍。但朝暮而已。然計一日米六斗、酒六斗、雉十首。城中市價。布一疋租三十碩、或五十碩。民謂之聖代。在東宮時。欲征高麗。因請兵入唐。唐帝賞其風彩。謂爲神聖之人。固留侍衛。力請乃還。時百濟末王義慈乃虎王之元子也。雄猛有膽氣。事親以孝。友于兄弟。時號海東曾子。以貞觀十五年辛丑即位。耽婬酒色。政荒國危。佐平（百濟爵名。）成忠極諫不聽。囚於獄中。瘦困濱死。書曰。忠臣死不忘君。願一言而死。臣嘗觀時變。必有兵革之事。凡用兵。審擇其地。處上流而迎敵。可以保全。若異國兵來。陸路不使過炭峴。（一云沈峴。百濟要害之地。）水軍不使入伎伐浦。（即長嵒。又孫梁。一作只火浦。又白江。）據其險隘以禦之。然後可也。王不省。現慶四年己未。百濟烏會寺（亦云烏合寺。）有大赤馬。晝夜六時遶寺行道。二月。衆狐入義慈宮中。一白狐坐佐平書案上。四月。太子宮雌雞與小雀交婚。五月。泗泚（扶餘江名。）岸大魚出死。長三丈。人食之者皆死。九月。宮中槐樹鳴如人哭。夜鬼哭宮南路上。五年庚申春二月。王都井水血色。西海邊小魚出死。百姓食之不盡。泗泚水血色。四月。蝦蟇數萬集於樹上。王都市人無故驚走。如有捕捉。驚仆死者百餘。亡失財物者無數。六月。王興寺僧皆見如舡楫隨大水入寺門。有大犬如野鹿。自西至泗泚岸。向王宮吠之。俄不知所之。城中群犬集於路上。或吠或哭。移時而散。有一鬼入宮中。大呼曰。百濟亡、百濟亡。即入地。王恠之。使人掘地。深三尺許。有一龜。其背有文。百濟圓月輪、新羅如新月。問之。巫者云。圓月輪者滿也。滿則虧。如新月者未滿也。未滿則漸盈。王怒殺之。或曰。圓月輪盛也。如新月者微也。意者國家盛而新羅寖微乎。王喜。太宗聞百濟國中多恠變。五年庚申。遣使仁問請兵唐。高宗詔左虎衛大將軍荊國公蘇定方、爲神丘道行策摠管。率左衛將軍劉伯英字仁遠、左虎衛將軍馮士貴、左驍衛將軍龐孝公等。統十三萬兵來征。（鄉記云。軍十二萬二千七百十一人。舡一千九百隻。而唐史不詳言之。）以新羅王春秋爲嵎夷道行軍摠管。將其國兵。與之合勢。定方引兵、自城山濟海。至國西德勿島。羅王遣將軍金庾信、領精兵五萬以赴之。義慈王聞之。會群臣問戰守之計。佐平義直進曰。唐兵遠涉溟海不習水。羅人恃大國之援。有輕敵之心。若見唐人失利。必疑懼而不敢銳進。故知先與唐人決戰可也。達率常永等曰不然。唐兵遠來。意欲速戰。其鋒不可當也。羅人屢見敗於我軍。今望我兵勢。不得不恐。今日之計。宜塞唐人之路、以待師老。先使偏師擊羅折其銳氣。然後伺其便而合戰。則可得全軍而保國矣。王猶預不知所從。時佐平興首得罪流竄于古馬旀知之縣。遣人問之曰。事急矣。如何。首曰。大槩如佐平成忠之說。大臣等不信。曰興首在縲絏之中。怨君而不愛國矣。其言不可用也。莫若使唐兵入白江。（即伎伐浦。）沿流而不得方舟。羅軍升炭峴。由徑而不得並馬。當此之時。縱兵擊之。如在籠之雞、羅網之魚也。王曰然。又聞唐羅兵已過白江炭峴。遣將軍偕伯。帥死士五千出黃山。與羅兵戰。四合皆勝之。然兵寡力盡竟敗。而偕伯死之。進軍合兵。薄津口。瀕江屯兵。忽有鳥。廻翔於定方營上。使人卜之。曰。必傷元帥。定方懼欲引兵而止。庾信謂定方曰。豈可以飛鳥之怪違天時也。應天順人。伐至不仁。何不祥之有。乃拔神劒擬其鳥。割裂而墜於座前。於是定方出左涯。垂山而陣。與之戰。百濟軍大敗。王師乘潮。軸轤含尾。鼓譟而進。定方將步騎。直趨都城。一舍止。城中悉軍拒之。又敗死者萬餘。唐人乘勝薄城。王知不免。嘆曰。悔不用成忠之言以至於此。遂與太子隆(或作孝。誤也。)走北鄙。定方圍其城。王次子泰自立爲王。率衆固守。太子之子文思謂王泰曰。王與太子出。而叔擅爲王。若唐兵解去。我等安得全。率左右、縋而出。民皆從之。泰不能止。定方令士超堞立唐旗幟。泰窘迫。乃開門請命。於是王、及太子隆、王子泰、大臣貞福、與諸城皆降。定方以王義慈、及太子隆、王子泰、王子演、及大臣將士八十八人、百姓一萬二千八百七人。送京師。其國本有五部、卅七郡、二百城、七十六萬戶。至是析置熊津、馬韓、東明、金漣、德安等五都督府。擢渠長爲都督刺史以理之。命郎將劉仁願守都城。又左衛郎將王文度爲熊津都督、撫其餘衆。定方以所俘見上。責而宥之。王病死。贈金紫光祿大夫衛尉卿。許舊臣赴臨。詔葬孫皓、陳叔寶墓側。幷爲竪碑。七年壬戌。命定方爲遼東道行軍大摠管。俄攻平壤道。破高麗之衆於浿江。奪馬邑山爲營。遂圍平壤城。會大雪。解圍還。拜涼州安集大使以定吐蕃。乾封二年卒。唐帝悼之。贈左驍騎大將軍幽州都督。謚曰莊。已上唐史文。

新羅別記云。文虎王即位五年乙丑秋八月庚子。王親統大兵幸熊津城。會假王扶餘隆。作壇、刑白馬而盟。先祀天神及山川之靈。然後歃血。爲文而盟曰。往者百濟先王迷於逆順。不敦隣好。不睦親姻。結托句麗。交通倭國。共爲殘暴。侵削新羅。破邑屠城。略無寧歲。天子憫一物之失所。憐百姓之被毒。頻命行人。諭其和好。負險恃遠。侮慢天經。皇赫斯怒。恭行弔伐。旌旗所指。一戎大定。固可瀦宮汚宅。作誡來裔。塞源拔本。垂訓後昆。懷柔伐叛、先王之令典。興亡繼絕。往哲之通規。事必師古。傳諸曩册。故立前百濟王司稼正卿扶餘隆爲熊津都督。守其祭祀。保其桑梓。依倚新羅。長爲與國。各除宿憾。結好和親。恭承詔命。永爲藩服。仍遣使人右威衛將軍魯城縣公劉仁願。親臨勸諭。具宣成旨。約之以婚姻。申之以盟誓。刑牲歃血。共敦終始。分災恤患。恩若兄弟。祗奉綸言。不敢墜失。既盟之後。共保歲寒。若有乖背。二三其德。興兵動衆。侵犯邊陲。神明鑒之。百殃是降。子孫不育。社稷無宗。禋祀磨滅。罔有遺餘。故作金書鐵契。藏之宗廟。子孫萬代。無或敢犯。神之聽之。是享是福。歃訖。埋幣帛於壇之壬地。藏盟文於大廟。盟文乃帶方都督劉仁軌作（按上唐史之文。定方以義慈王及太子隆等送京師。今云會扶餘王隆。則知唐帝宥隆而遣之。立爲熊津都督也。故盟文明言。以此爲驗。）又古記云。總章元戊辰（若總章戊辰則李勣之事。而下文蘇定方誤矣。若定方則年號當龍朔二年壬戌、來圍平壤之時也。國人之所請唐兵屯于平壤郊。而通書曰。急輸軍資。王會群臣問曰。入於敵國。至唐兵屯所。其勢危矣。所請王師粮匱。而不輸其料。亦不宜也。如何。庾信奏曰。臣等能輸其軍資。請大王無慮。於是庾信、仁問等率數萬人。入句麗境。輸料二萬斛。乃還。王大喜。又欲興師會唐兵。庾信先遣然起、兵川等二人。問其會期。唐帥蘇定方紙畫鸞犢二物廻之。國人未解其意。使問於元曉法師。解之曰。速還其兵。謂畫犢畫鸞二切也。於是庾信廻軍。欲渡浿江。令日後渡者斬之。軍士爭先半渡。句麗兵來掠。殺其未渡者。翌日信返追句麗兵。捕殺數萬級。百濟古記云。扶餘城北角有大岩。下臨江水。相傳云。義慈王與諸後宮知其未免。相謂曰。寧自盡。不死於他人手。相率至此。投江而死。故俗云墮死岩。斯乃俚諺之訛也。但宮人之墮死。義慈卒於唐。唐史有明文。　又新羅古傳云。定方既討麗濟二國。又謀伐新羅而留連。於是庾信知其謀。饗唐兵鴆之。皆死。坑之。今尙州界有唐橋。是其坑地。按唐

[史。不言其所以死。但書云卒。何耶。爲復諱之耶。鄉諺之無據耶。若壬戌年高麗之役。羅人殺定方之師。則後總章戊辰何有請兵滅高麗之事。以此知鄉傳無據。但戊辰滅麗之後。有不臣之事。擅有其地而已。非至殺蘇李二公也。]

王師定百濟。既還之後。羅王命諸將追捕百濟殘賊。屯次于漢山城。高麗靺鞨二國兵來圍之。相擊未解。自五月十一日、至六月二十二日。我兵危甚。王聞之。議群臣曰。計將何出。猶豫未決。庾信馳奏曰。事急矣。人力不可及。唯神術可救。乃於星浮山、設壇修神術。忽有光耀如大瓮。從壇上而出。乃星飛于北去。[因此名星浮山。山名或有別說云。山在都林之南。秀出一峯是也。京城有一人謀求官。命其子作高炬。夜登此山擧之。其夜京師人望之皆謂、怪星現於其地。王聞之憂懼。募人禳之。其父將應之。日官奏曰此非大怪也。但一家子死、父泣之兆耳。遂不行禳法。是夜其子下山。虎傷而死。]漢山城中士卒怨救兵不至。相視哭泣而已。賊欲攻急。忽有光耀。從南天際來。成霹靂。擊碎砲石三十餘所。賊軍弓箭矛戟籌碎皆仆地。良久蘇。奔潰而歸。我軍乃還。太宗初即位。有獻猪一頭二身八足者。議者曰。是必幷吞六合瑞也。是王代始服中國衣冠牙笏。乃法師慈藏請唐帝而來傳也。神文王時。唐高宗遣使新羅曰。朕之聖考得賢臣魏徵、李淳風等。協心同德。一統天下。故爲太宗皇帝。汝新羅海外小國。有太宗之號。以僭天子之名。義在不忠。速改其號。新羅王上表曰。新羅雖小國。得聖臣金庾信。一統三國。故封爲太宗。帝見表乃思。儲貳時。有天唱空云。三十三天之一人降於新羅爲庾信。紀在於書。出撿視之。驚懼不已。更遣使許無改太宗之號。

長春郎。罷郎。一作羆。

初與百濟兵戰於黃山之役。長春郎、罷郎死於陣中。後討百濟時。見夢於太宗曰。臣等昔者爲國亡身。至於白骨。庶欲完護邦國。故隨從軍行無怠而已。然迫於唐帥定方之威。逐於人後爾。願王加我以小勢。大王驚怪之。爲二魂說經一日於牟山亭。又爲創壯義寺於漢山州。以資冥援。

三國遺事卷第一

三國遺事卷第二

文虎王法敏。

王初即位、龍朔辛酉。泗沘南海中有死女尸。身長七十三尺。足長六尺。陰長三尺。或云。身長十八尺。在封乾二年丁卯。

總章戊辰。王統兵。與仁問、欽純等至平壤。會唐兵滅麗。唐帥李勣獲高臧王還國。(王之姓高。故云高臧。按唐書高記。現慶五年庚申。蘇定方等征百濟。後十二月大將軍契如何)爲浿道行軍大摠管。蘇定方爲遼東道大摠管。劉伯英爲平壤道大摠管。以伐高麗。又明年辛酉正月。蕭嗣業爲扶餘道摠管。任雅相爲浿江道摠管。率三十五萬軍、以伐高麗。八月甲戌。蘇定方等及高麗戰于浿江敗亡。乾封元年丙寅六月。以龐同善、高臨、薛仁貴、李謹行等爲後援。九月。龐同善及高麗戰敗之。　十二月己酉。以李勣爲遼東道行臺大摠管。率六摠管兵、以伐高麗。總章元年戊辰九月癸巳。李勣獲高臧王。十二月丁巳獻俘于帝。上元元年甲戌二月。劉仁軌爲雞林道摠管。以伐新羅。而鄉古記云。唐遣陸路將軍孔恭、水路將軍有相與、新羅金庾信等滅之。而此云仁問、欽純等。無庾信。未詳」時唐之游兵、諸將兵。有留鎭而將謀襲我者。王覺之、發兵之明年。高宗使召仁問等。讓之曰。爾請我兵以滅麗。害之何耶。乃下圓扉。鍊兵五十萬。以薛邦爲帥。欲伐新羅。時義相師西學入唐。來見仁問。仁問以事諭之。相乃東還上聞。王甚憚之。會群臣問防禦策。角干金天尊奏曰。近有明朗法師。入龍宮。傳秘法而來。請詔問之。朗奏曰。狼山之南有神遊林。創四天王寺於其地。開設道場則可矣。時有貞州使走報曰。唐兵無數至我境。廻槧海上。王召明朗曰。事已逼至。如何。朗曰。以彩帛假搆宜矣。乃以彩帛營寺。草搆五方神像。以瑜珈明僧十二員。明朗爲上首。作文豆婁秘密之法。時唐羅兵未交接。風濤怒起。唐舡皆沒於水。後改刱寺。名四天王寺。至今不墜壇席。（國史。大改刱在調露元年己卯。）後年辛未。唐更遣趙憲爲帥。亦以五萬兵來征。又作其法。舡沒如前。是時翰林郎朴文俊。隨仁問在獄中。高宗召文俊曰。汝國有何密法。再發大兵無生還者。文俊奏曰。陪臣等來於上國一十餘年。不知本國之事。但遙聞一事爾。厚荷上國之恩。一統三國。欲報之德。新刱天王寺於狼山之南。祝皇壽萬年。長開法席而已。高宗聞之大悅。乃遣禮侍郎樂鵬龜。使於羅、審其寺。王先聞唐使將至。不宜見玆寺。乃別刱新寺於其南待之。使至曰。必先行香於皇帝祝壽之所天王寺。乃引見新寺。其使立於門前曰。不是四天王寺。乃望德遙山之寺。終不入。國人以金一千兩贈之其使乃還。奏曰。新羅刱天王寺。祝皇壽於新寺而已。因唐使之言。因名望德寺。(或系孝昭王代。誤矣。)王聞文俊善奏。帝有寬赦之意。乃命强首先生。作請放仁問表。以舍人遠禹奏於唐。帝見表流涕。赦仁問慰送之。仁問在獄時。國人爲刱寺。名仁容寺。開設觀音道場。及仁問來還。死於海上。改爲彌陁道場。至今猶存。大王御國二十一年。以永隆二年辛已崩。遺詔葬於東海中大巖上。王平時常謂智義法師曰。朕身後願爲護國大龍。崇奉佛法。守護邦家。法師曰。龍爲畜報何。王曰。我厭世間榮華久矣。若麤報爲畜。則雅合朕懷矣。王初即位。置南山長倉。長五十步。廣十五步。貯米穀兵器。是爲右倉。天恩寺西北山上。是爲左倉。別本云。建福八年辛亥築南山城。周二千八百五十步。則乃眞德王代始築。而至此乃重修爾。又始築富山城。三年乃畢。安北河邊築鐵城。又欲築京師城郭。既令眞吏。時義相法師聞之。致書報云。王之政敎明。則雖草丘畫地而爲城。民不敢踰。可以潔災進福。政敎苟不明。則雖有長城。災害未消。王於是正罷其役。麟德三年丙寅三月十日。有人家婢名吉伊。一乳生三子。總章三年庚午正月七。漢岐部一山級干一作成山阿干婢一乳生四子。一女三子。國給穀二百石以賞之。　又伐高麗。以其國王孫還國。置之眞骨位。　王一日召庶弟車得公曰。汝爲冢宰。均理百官。平章四海。公曰。陛下若以小臣爲宰。則臣願潛行國內。示民間徭役之勞逸。租賦之輕重。官吏之淸濁。然後就職。王聽之。公著緇衣。把琵琶。爲居士形。出京師。經由阿瑟羅州、今溟州。牛首州、今春州。北原京。今忠州。至於武珍州。今海陽。巡行里閈。州吏安吉見是異人。邀致其家。盡情供億。至夜安吉喚妻妾三人曰。今玆侍宿客居士者。終身偕老。二妻曰。寧不並居。何以於人同宿。其一妻曰。公若許終身並居。則承命矣。從之。詰旦居士欲辭行時。曰。僕京師人也。吾家在皇龍皇聖二寺之間。吾名端午也。俗爲端午爲車衣。主人若到京師。尋訪吾家幸矣。遂行到京師。居冢宰。國之制。每以外州之吏一人、上守京中諸曹。注、今之其人也。安吉當次上守至京師。問兩寺之間端午居士之家。人莫知者。安吉久立道左。有一老翁經過。聞其言。良久佇思曰。二寺間一家、殆大內也。端午者乃車得令公也。潛行外郡時。殆汝有緣契乎。安吉陳其實。老人曰。汝去宮城之西歸正門。待宮女出入者告之。安吉從之。告武珍州安吉進於門矣。公聞而走出。携手入宮。喚出公之妃。與安吉共宴。具饌至五十味。聞於上。以星浮山一作星損乎山。

下、爲武珍州上守繞木田。禁人樵採。人不敢近。內外欽羡之。山下有田三十畝。下種三石。此田稔歲。武珍州亦稔。否則亦否云。

万波息笛。

第三十一、神文大王。諱政明。金氏。開耀元年辛巳七月七日即位。爲聖考文武大王、創感恩寺於東海邊。（寺中記云。文武王欲鎭倭兵。故始創此寺。未畢而崩。爲海龍。其子神文立。開耀二年畢。排金堂砌下、東向開一穴。乃龍之入寺旋繞之備。蓋遺詔之藏骨處。名大王岩。寺名感恩寺。後見龍現形處。名利見臺。）明年壬午五月朔。（一本云天授元年。誤矣。）海官波珍喰朴夙清奏曰。東海中有小山。浮來向感恩寺。隨波往來。王異之。命日官金春質（一作春日。）占之。曰。聖考今爲海龍。鎭護三韓。抑又金公庾信乃三十三天之一子、今降爲大臣。二聖同德。欲出守城之寶。若陛下行幸、海邊。必得無價大寶。王喜。以其月七日。駕幸利見臺。望其山。遣使審之。山勢如龜頭。上有一竿竹。晝爲二。夜、合一。（一云。山亦晝夜開合如竹。）使來奏之。王御感恩寺宿。明日午時。竹合爲一。天地振動。風雨晦暗七日。至其月十六日。風霽波平。王泛海入其山。有龍奉黑玉帶來獻。迎接共坐。問曰。此山與竹、或判或合、如何。龍曰。比如一手拍之無聲、二手拍則有聲。此竹之爲物。合之然後有聲。聖王以聲理天下之瑞也。王取此竹。作笛吹之。天下和平。今王考爲海中大龍。庾信復爲天神。二聖同心。出此無價大寶。令我獻之。王驚喜。以五色錦彩金玉酬賽之。勅使斫竹出海時。山與龍忽隱不現。王宿感恩寺。十七日。到祇林寺西溪邊。留駕晝饍。太子理恭。（即孝昭大王。）守闕。聞此事走馬來賀。徐察奏曰。此玉帶諸窠皆眞龍也。王曰。汝何知之。太子曰。摘一窠沈水示之。乃摘左邊第二窠沈溪。即成龍上天。其地成淵。因號龍淵。駕還。以其竹作笛。藏於月城天尊庫。吹此笛。則兵退病愈。旱雨、雨晴。風定波平。號万波息笛。稱爲國寶。至孝昭大王代天授四年癸巳。因失禮郎生還之異。更封號曰万万波波息笛。詳見彼傳。

孝昭王代。　竹旨郎（亦作竹曼。亦名智官。）

第三十二、孝昭王代。竹曼郎之徒、有得烏（一云谷。）級干。隷名於風流黃卷。追日仕進。隔旬日不見。郎喚其母。問爾子何在。母曰。幢典牟梁益宣阿干以我子差富山城倉。直馳去。行急未暇告辭於郎。郎曰。汝子若私事適彼。則不須尋訪。今以公事進去。須歸享矣。乃以舌餠一合酒一缸。卒左人（鄉云皆叱知。言奴僕也。）而行。郎徒百三十七人亦具儀侍從。到富山城。問閽人。得烏失奚在。人曰。今在益宣田。隨例赴役。郎歸田。以所將酒餠饗之。請暇於益宣。將欲偕還。益宣固禁不許。時有使吏侃珍。管收推火郡。能節租三十石。輸送城中。美郎之重士風味。鄙宣暗塞不通。乃以所領三十石。贈益宣助請。猶不許。又以珍節舍知騎馬鞍具貽之。乃許。朝廷花主聞之。遣使取益宣。將洗浴其垢醜。宣逃隱。掠其長子而去。時仲冬極寒之日。浴洗於城內池中。仍合凍死。大王聞之。勅牟梁里人從官者。並合黜遣。更不接公署。不著黑衣。若爲僧者。不合入鐘鼓寺中。勅史上侃珍子孫。爲枰定戶孫。標異之。時圓測法師是海東高德。以牟梁里人故。不授僧職。初述宗公爲朔州都督使。

將歸理所。時三韓兵亂。以騎兵三千護送之。行至竹旨嶺。有一居士。平理其嶺路。公見之歎美。居士亦善公之威勢赫甚。相感於心。公赴州理。隔一朔。夢見居士入于房中。室家同夢。驚怪尤甚。翌日使人問其居士安否。人曰。居士死有日矣。使來還告。其死與夢同日矣。公曰。殆居士誕於吾家爾。更發卒修葬於嶺上北峯。造石彌勒一軀。安於塚前。妻氏自夢之日有娠。旣誕。因名竹旨。壯而出仕。與庾信公爲副帥。統三韓。眞德、太宗、文武、神文、四代爲冢宰。安定厥邦。初得烏谷慕郞而作歌曰。

去隱春皆理米　毛冬居叱沙哭屋尸以憂音　阿冬音乃叱好支賜烏隱　兒史年数就音墮支行齊　目煙迴於尸七史伊衣　逢烏支惡知作乎下是　郞也慕理尸心未　行乎尸道尸　蓬次叱巷中宿尸夜音有叱下是。

聖德王。

第三十三、聖德王。神龍二年丙午歲。禾不登。人民飢甚。丁未正月初一日至七月三十日。救民給租。一口一日三升爲式。終事而計三十萬五百碩也。　王爲太宗大王刱奉德寺。設仁王道場七日大赦。始有侍中職。（一本系孝成王。）

水路夫人。

聖德王代。純貞公赴江陵大守。（今溟州。）行次海汀晝饍。傍有石嶂。如屏臨海。高千丈。上有躑躅花盛開。公之夫人水路見之。謂左右曰。折花獻者其誰。從者曰。非人跡所到。皆辭不能。傍有老翁牽牸牛而過者。聞夫人言。折其花。亦作歌詞獻之。其翁不知何許人也。便行二日程。又有臨海亭。晝饍次海龍忽攬夫人入海。公顚倒躃地。計無所出。又有一老人。告曰。故人有言。衆口鑠金。今海中傍生。何不畏衆口乎。宜進界內民。作歌唱之。以杖打岸。□可見夫人矣。公從之。龍奉夫人出海獻之。公問夫人海中事。曰。七寶宮殿。所饍甘滑香潔。非人間煙火。此夫人衣襲異香。非世所聞。水路姿容絕代。每經過深山大澤。屢被神物掠攪。衆人唱海歌詞曰。　龜乎龜乎出水路。掠人婦女罪何極。汝若悖逆不出獻。　入網捕掠燔之喫。老人獻花歌曰。紫布岩乎过希執音乎手母牛放教遣　吾肹不喩慚肹伊賜等　花肹折叱可獻乎理音如。

孝成王。

開元十年壬戌十月。始築關門於毛火郡。今毛火村。屬慶州東南境。乃防日本塞垣也。周廻六千七百九十二步五尺。役徒三萬九千二百六十二人。掌員元眞角干。開元二十一年癸酉。唐人欲征北狄。請兵新羅。客使六百四人來還國。

景德王。　忠談師。　表訓大德。

德經等。大王備禮受之。王御國二十四年。五岳三山神等。時或現侍於殿庭。三月三日。王御歸正門樓上。謂左右曰。誰能途中得一員榮服僧來。於是適有一大德。威儀鮮潔。徜徉而行。左右望而引見之。王曰。非吾所謂榮僧也。退之。更有一僧。被衲衣、負櫻筒。(一作荷簣。)從南而來。王喜見之。邀致樓上。視其筒中。盛茶具已。曰。汝爲誰耶。僧曰忠談。曰。何所歸來。僧曰。僧每重三重九之日。烹茶饗南山三花嶺彌勒世尊。今茲既獻而還矣。王曰。寡人亦一甌茶有分乎。僧乃煎茶獻之。茶之氣味異常。甌中異香郁烈。王曰。朕嘗聞師讚耆婆郎詞腦歌。其意甚高。是其果乎。對曰然。王曰。然則爲朕作理安民歌。僧應時奉勅歌呈之。王佳之。封王師焉。僧再拜固辭不受。安民歌曰。

君隱父也　臣隱愛賜尸母史也　民焉狂尸恨阿孩古爲賜尸知民是愛尸知古如　窟理叱大肹生以支所音物生此肹喰惡攴治良羅　此地肹捨遣只於冬是去於丁　爲尸知國惡攴持以　支知古如後句　君如臣多支民隱如　爲內尸等焉國惡大平恨音叱如

讚耆婆郎歌曰

咽嗚爾處米　露曉邪隱月羅理　白雲音逐于浮去隱安攴下

沙是八陵隱汀理也中　者郞矣皃史是史藪邪　逸烏川理叱磧
惡希　郞也持以攴如賜烏隱　心未際叱肹逐內良齊　阿耶
栢史叱枝次高攴好　雪是毛冬乃乎尸花判也

王玉莖長八寸。無子。廢之。封沙梁夫人。後妃滿月夫人。諡景垂大后。依忠角干之女也。王一日詔表訓大德曰。朕無祐不獲其嗣。願大德請於上帝而有之。訓上告於天帝。還來奏云。帝有言。求女即可。男即不宜。王曰。願轉女成男。訓再上天請之。帝曰。可則可矣。然爲男則國殆矣。訓欲下時。帝又召曰。天與人不可亂。今師往來如隣里。漏洩天機。今後宜更不通。訓來以天語諭之。王曰。國雖殆、得男而爲嗣足矣。於是滿月王后生太子。王喜甚。至八歲王崩。太子即位。是爲惠恭大王。幼冲故、大后臨朝。政條不理。盜賊蜂起。不遑備禦。訓師之說驗矣。小帝既女爲男。故自期晬至於登位。常爲婦女之戲。好佩錦囊與道流爲戲。故國有大亂。終爲宣德與金良相所弑。自表訓後。聖人不生於新羅云。

惠恭王。

大曆之初。康州官署大堂之東。地漸陷成池。一本大寺東小池。從十三尺。橫七尺。忽有鯉魚五六。相繼而漸大。淵亦隨大。至二年丁未。又天狗墜於東樓南。頭如瓮。尾三尺許。色如烈火。天地亦振。又是年。今浦縣稻田五頃中皆米顆成穗。是年七月。北宮庭中先有二星墜地。又一星墜。三星皆沒入地。先時宮北厠圊中二莖蓮生。又奉聖寺田中生蓮。虎入禁城中。追覓失之。角干大恭家梨木上雀集無數。據安國兵法下卷云。天下兵大亂。於是大赦修省。七月三日。大恭角干賊起。王都及五道州郡并九十六角干相戰大亂。大恭角干家亡。輸其家資寶帛于王宮。新城長倉火燒。逆黨之寶穀在沙梁牟梁等里中者。亦輸入王宮。亂彌三朔乃息。被賞者頗多。誅死者無算也。表訓之言國殆。是也。

元聖大王。

伊飡金周元初爲上宰。王爲角干、居二宰。夢脫幞頭著素笠、把十二絃琴、入於天官寺井中。覺而使人占之。曰。脫幞頭者、失職之兆。把琴者、著枷之兆。入井、入獄之兆。王聞之甚患。杜門不出。于時阿飡餘三或本餘山來通謁。王辭以疾不出。再通曰。願得一見。王諾之。阿飡曰。公所忌何事。王具說占夢之由。阿飡興拜曰。此乃吉祥之夢。公若登大位而不遺我。則爲公解之。王乃辟禁左右、而請解之。曰。脫幞頭者、人無居上也。著素笠者、冕旒之兆也。把十二絃琴者、十二孫傳世之兆也。入天官井、入宮禁之瑞也。王曰。上有周元。何居上位。阿飡曰。請密祀北川神可矣。從之。未幾。宣德王崩。國人欲奉周元爲王。將迎入宮。家在川北。忽川漲不得渡。王先入宮即位。上宰之徒衆皆來附之。拜賀新登之主。是爲元聖大王。諱敬信。金武。蓋厚夢之應也。周元退居溟州。王既登極。時餘山已卒矣。召其子孫賜爵。王之孫有五人。惠忠太子、憲平太子、禮英匝干、大龍夫人、小龍夫人等也。大王誠知窮達之變。故有身空詞腦歌。(歌亡。未詳。)王之考大角干、孝讓傳祖宗万波息笛。乃傳於王。王得之。故厚荷天恩。其德遠輝。貞元二年丙寅十月十一日。日本王文慶。(按日本帝紀。第五十五主文德王。疑是也。餘無文慶。或本云是王太子。)擧兵欲伐新羅。聞新羅有万波息笛。退兵。以金五十兩、遣使請其笛。王謂使曰。朕聞上世眞平王代有之耳。今不知所在。明年七月七日。更遣使。以金一千兩請之曰。寡人願得見神物而還之矣。王亦辭以前對。以銀三千兩賜其使。還金而不受。八月。使還。藏其笛於內黃殿。王即位十一年乙亥。唐使來京。留一朔而還。後一日。有二女。進內庭。奏曰。妾等乃東池青池(青池即東泉寺之泉也。寺記云。泉乃東海龍往來聽法之地。寺乃眞平王所造。五百聖衆。五層塔。并納田民口。)二龍之妻也。唐使將河西國二人而來。呪我夫二龍及芬皇寺井等三龍。變爲小魚。筒貯而歸。願陛下勅二人留。我夫等、護國龍也。王追至河陽館。親賜享宴。勅河西人曰。爾輩何得取我三龍至此。若不以實告。必加極刑。於是出三魚獻之。使放於三處。各湧水丈餘。喜躍而逝。唐人服王之明聖。王一日請皇龍寺注。或本云、華嚴寺又金剛寺香。蓋以寺名經名、光混之也。釋智海入內。稱華嚴經五旬。沙彌妙正每洗鉢於金光井(因大賢法師得名)邊。有一黿浮沈井中。沙彌每以殘食餽而爲戲。席將罷。沙彌謂黿曰。吾德汝日久。何以報之。隔數日。黿吐一小珠。如欲贈遺。沙彌得其珠繫於帶端。自後大王見沙彌愛重。邀致內殿。不離左右。時有一匝干奉使於唐。亦愛沙彌。請與俱行。王許之。同入於唐。唐帝亦見沙彌而寵愛。承相左右莫不尊信。有一相士奏曰。審此沙彌。無一吉相。得人信敬。必有所持異物。使人撿看。得帶端小珠。帝曰。朕有如意珠四枚。前年失一个。今見此珠。乃吾所失也。帝問沙彌。沙彌具陳其事。帝內失珠之日。與沙彌得珠同日。帝留其珠而遣之。後人無愛信此沙彌者。王之陵在吐含岳西洞鵠寺。(今崇福寺。)有崔致遠撰碑。又刱報恩寺。又望德樓。

追封祖訓入匝干爲興平大王。曾祖義官匝干爲神英大王。

高祖法宣大阿干爲玄聖大王。玄聖大王玄聖之考即摩叱次匝干。

早雪。

第四十、哀莊王。末年戊子八月十五日。有雪。

第四十一、憲德王。元和十三年戊戌三月十四日。大雪。一本作丙寅。誤矣。元和盡十五。無丙寅。

第四十六、文聖王己未五月十九日。大雪。八月一日。天地晦暗。

興德王。　鸚鵡。

第四十二、興德大王。寶曆二年丙午即位。未幾有人奉使於唐。將鸚鵡一雙而至。不久雌死。而孤雄哀鳴不已。王使人掛鏡於前。鳥見鏡中影。擬其得偶。乃啅其鏡而知其影。乃哀鳴而死。王作歌云。未詳。

神武大王。　閻長。　弓巴。

第四十五、神武大王潛邸時。謂俠士弓巴曰。我有不同天之讎。汝能爲我除之。獲居大位。則娶爾女爲妃。弓巴許之。協心同力。擧兵犯京師。能成其事。既簒位。欲以巴之女爲妃。羣臣極諫曰。巴側微。上以其女爲妃。則不可。王從之。時巴在淸海鎭爲軍戍。怨王之違言。欲謀亂。時將軍閻長聞之奏曰。巴將爲不忠。小臣請除之。王喜許之。閻長承旨歸淸海鎭。見謁者通曰。僕有小怨於國君。欲投明公以全身命。巴聞之大怒曰。爾輩諫於王而廢我女。胡顧見我乎。長復通曰。是百官之所諫。我不預謀。明公無嫌也。巴聞之引入廳事。謂曰。卿以何事來此。長曰。有忤於王。欲投幕下、以免害爾。巴曰。幸矣。置酒歡甚。長取巴之長劍斬之。麾下軍士驚懾皆伏地。長引至京師。復命曰。已斬弓巴矣。上喜賞之。賜爵阿干。

四十八、景文大王。

王諱膺廉。年十八爲國仙。至於弱冠。憲安大王召郞。宴於殿中。問曰。郞爲國仙優遊四方。見何異事。郞曰。臣見有美行者三。王曰。請聞其說。郞曰。有人爲人上者、而撝謙坐於人下。其一也。有人豪富、而衣儉易。其二也。有人本貴勢、而不用其威者。三也。王聞其言而知其賢。

不覺墮淚而謂曰。朕有二女。請以奉巾櫛。郞避席而拜之。稽首而退。告於父母。父母驚喜。會其子弟。議曰。王之上公主貌甚寒寢。第二公主甚美。娶之幸矣。郞之徒上首範敎師者聞之。至於家。問郞曰。大王欲以公主妻公。信乎。郞曰然。曰奚娶。郞曰。二親命我宜弟。師曰。郞若娶弟則予必死於郞之面前。娶其兄則必有三美。誠之哉。郞曰。聞命矣。既而王擇辰而使於郞曰。二女惟公所命。使歸、以郞意奏曰。奉長公主爾。既而過三朔。王疾革。召群臣曰。朕無男孫。窀穸之事。宜長女之夫膺廉繼之。翌日王崩。郞奉遺詔即位。於是範敎師詣於王曰。吾所陳三美者、今皆著矣。娶長故、今登位。一也。昔之欽艷第主、今易可取。二也。娶兄故、王與夫人喜甚。三也。王德其言。爵爲大德。賜金一百三十兩。王崩。謚曰景文。王之寢殿。每日暮無數衆虵俱集。宮人驚怖。將驅遣之。王曰。寡人若無虵不得安寢。宜無禁。每寢吐舌滿胸鋪之。乃登位。王耳忽長如驢耳。王后及宮人皆未知。唯幞頭匠一人知之。

然生平不向人說。其人將死。入道林寺竹林中。無人處向竹唱云。吾君耳如驢耳。其後風吹。則竹聲云。吾君耳如驢耳。王惡之。乃伐竹而植山茱萸。風吹則但聲云。吾君耳長。(入道林寺舊在入都林邊。)國仙邀元郞、譽昕郞、桂元、叔宗郞等。遊覽金蘭。暗有爲君主理邦國之意。乃作歌三首。使心弼舍知、授針卷。送大炬和尙處。令作三歌。初名玄琴抱曲。第二大道曲。第三問羣曲。入奏於王。王大喜稱賞。歌未詳。

處容郞。　望海寺。

第四十九、憲康大王之代。自京師至於海內。比屋連墻無一草屋。笙歌不絕道路。風雨調於四時。於是大王遊開雲浦。(在鶴城西南。今蔚州。)王將還駕。晝歇於汀邊。忽雲霧冥曀。迷失道路。恠問左右。日官奏云。此東海龍所變也。宜行勝事以解之。於是勅有司爲龍創佛寺近境。施令已出。雲開霧散。因名開雲浦。東海龍喜。乃率七子。現於駕前。讚德獻舞奏樂。其一子隨駕入京。輔佐王政。名曰處容。王以美女妻之。欲留其意。又賜級干職。其妻甚美。疫神欽慕之。變、無人夜至其家。竊與之宿。處容自外至其家。見寢有二人。乃唱歌作舞而退。歌曰。東京明期月良夜入伊遊行如可入良沙寢矣見昆脚烏伊四是良羅二肹隱吾下於叱古二肹隱誰支下焉古本矣吾下是如馬於隱奪叱良乙何如爲理古。時神現形。跪於前曰。吾羨公之妻。今犯之矣。公不見怒。感而美之。誓今已後、見畫公之形容、不入其門矣。因此、國人門帖處容之形。以僻邪進慶。王既還。乃卜靈鷲山東麓勝地置寺。曰望海寺。亦名新房寺。乃爲龍而置也。又幸鮑石亭。南山神現舞於御前。左右不見。王獨見之。有人現舞於前。王自作舞。以像示之。神之名或曰祥審。故至今國人傳此舞。曰御舞祥審。或曰御舞山神。或云。既神出舞。審象其貌。命工摹刻。以示後代。故云象審。或云霜髯舞。此乃以其形稱之。又幸於金剛嶺時。北岳神呈舞。名玉刀鈐。又同禮殿宴時。地神出舞。名地伯級干。語法集云。于時山神獻舞。唱歌云。智理多都波都波等者。蓋言以智理國者。知而多逃。都邑將破云謂也。乃地神山神知國將亡。故作舞以警之。國人不悟。謂爲現瑞。耽樂滋甚。故國終亡。

眞聖女大王。　居陁知。

第五十一、眞聖女王臨朝有年。乳母鳧好夫人。與其夫魏弘匝干等三四寵臣。擅權撓政。盜賊蜂起。國人患之。乃作陁羅尼隱語書。投路上。王與權臣等得之。謂曰。此非王居仁、誰作此文。乃囚居仁於獄。居仁作詩訴于天。天乃震其獄囚以免之。詩曰。燕丹泣血虹穿日。鄒衍含悲夏落霜。今我失途還似舊。皇天何事不垂祥。　陁羅尼曰。南無亡國。　刹尼那帝。　判尼判尼蘇判尼于于三阿干。　鳧伊娑婆訶。

說者云。刹尼那帝者、言女主也。判尼判尼蘇判尼者、言二蘇判也。蘇判爵名。于于三阿十也。鳧伊者。言鳧好也。　此王代阿飡良貝。王之季子也。奉使於唐。聞百濟海賊梗於津鳧。選弓士五十人隨之。舡次鵠島。(鄉云骨大島。)風濤大作。信宿挾旬。公患之。使人卜之。曰島有神池。祭之可矣。於是具奠於池上。池水湧高丈餘。夜夢有老人。謂公曰。善射一人留此島中。可得便風。公覺而以事諮於左右曰。留誰可矣。衆人曰。宜以木簡五十片、書我輩名。沈水而鬮之。公從之。軍士有居陁知者。名沈水中。乃留其人。便風忽起。舡進無滯。居陁愁立島嶼。忽有老人。從池而出。謂曰。我是西海若。每一沙彌日出之時。從天而降。誦陁羅尼。三繞此池。我之夫婦子孫皆浮水上。沙彌取吾子孫肝腸、食之盡矣。唯存吾夫婦與一女爾。來朝又必來。請君射之。居陁曰。弓矢之事吾所長也。聞命矣。老人謝之。而沒。居陁隱伏而待。明日扶桑既暾。沙彌果來。誦呪如前。欲取老龍肝。時居陁射之。中沙彌。即變老狐。墜地而斃。於是老人出而謝曰。受公之賜。全我性命。請以女子妻之。居陁曰。見賜不遺。固所願也。老人以其女。變作一枝花。納之懷中。仍命二龍。捧居陁。趂及使舡。仍護其舡。入於唐境。唐人見新羅舡有二龍負之。具事上聞。帝曰。新羅之使必非常人。賜宴坐於羣臣之上。厚以金帛遺之。既还國。居隨出花枝。變女同居焉。

孝恭王。

第五十二、孝恭王。光化十五年壬申。（實朱梁乾化二年也）奉聖寺外門。東西二十一間。鵲巢。又神德王即位四年乙亥。（古本云。天祐十二年。當作貞明元年。）靈廟寺內行廊。鵲巢三十四。烏巢四十。又三月。再降霜。六月。斬浦水與海水波相鬪三日。

景明王。

第五十四、景明王代。貞明五年戊寅。四天王寺壁畫狗鳴。說經三日攘之。犬半日又鳴。七年庚辰二月。皇龍寺塔影倒立於今毛舍知家庭中一朔。又十月。四天王寺五方神弓絃皆絕。壁畫狗出走庭中。還入壁中。

景哀王。

第五十五、景哀王即位。同光二年甲辰二月十九日。皇龍寺說百座說經。兼飯禪僧三百。大王親行香致供。此百座通說禪敎之始。

金傅大王

第五十六、金傅大王諡敬順。天成二年丁亥九月。百濟甄萱侵羅至高鬱府。景哀王請救於我太祖。命將以勁兵一萬往救之。救兵未至。萱以冬十一月掩入王京。王與妃嬪宗戚、遊鮑石亭宴娛。不覺兵至。倉卒不知所爲。王與妃奔入後宮。宗戚及公卿大夫士女。四散奔走。爲賊所虜。無貴賤匍匐乞爲奴婢。萱縱兵摽掠公私財物。入處王宮。乃命左右索王。王與妃妾數人匿在後宮。拘致軍中。逼令王自進。而强淫王妃。縱其下、亂其嬪妾。乃立王之族弟傅爲王。王爲萱所擧即位。前王尸殯於西堂。與羣下慟哭。太祖遣使弔祭。明年戊子春三月。太祖率五十餘騎。巡到京畿。王與百官郊迎。入相對。曲盡情禮。置宴臨海殿。酒酣。王言曰。吾以不天侵致禍亂。甄萱恣行不義。喪我國家・何如之。因泣然涕泣。左右莫不嗚咽。太祖亦流涕。因留數旬。乃廻駕。

麾下肅靜。不犯秋毫。都人士女相慶曰。昔甄氏之來也。如逢犲虎。今王公之至。如見父母。八月。太祖遣使。遺王錦衫鞍馬。幷賜羣僚將士有差。淸泰二年乙未十月。以四方土地盡爲他有。國弱勢孤。不已自安。乃與羣下謀。擧土降太祖。羣臣可否。紛然不已。王太子曰。國之存亡必有天命。當與忠臣義士、收合心、力盡而後已。豈可以一千年之社稷、輕以與人。王曰。孤危若此。勢不能全。旣不能强。又不能弱。至使無辜之民、肝腦塗地。吾所不能忍也。乃使侍郞金封休齎書。請降於太祖。太子哭泣辭王。徑往皆骨山。麻衣草食。以終其身。季子祝髮肆華嚴。爲浮圖。名梵空。後住法水海印寺云。太祖受書。送太相王鐵迎之。王率百僚歸于我太祖。香車寶馬連亘三十餘里。道路塡咽。觀者如堵。太祖出郊迎勞。賜宮東一區。(今正承院。)以長女樂浪公主妻之。以王謝自國居他國。故以鸞喩之。改號神鸞公主。諡孝穆。封爲正承。位在太子之上。給祿一千石。侍從員將皆錄用之。改新羅爲慶州。以爲公之食邑。初王納土來降。太祖喜甚。待之厚禮。使告曰。今王以國與寡人。其爲賜大矣。願結婚於宗室。以永甥舅之好。王答曰。我伯父億廉（王之考、孝宗角干、追封神興大王之弟也。）有女子。德容雙美。非是無以備內政。太祖娶之。是爲神成王后金氏。（本朝登仕郎金寬毅所撰王代宗錄云。神成王后李氏。本慶州大尉李正言爲侠州守時。太祖幸此州。納爲妃。故或云侠州君。願堂玄化寺。三月二十五日立忌。葬貞陵。生一子。安宗也。此外二十五妃主中不載。金氏之事。未詳。然而史臣之論。亦以安宗爲新羅外孫。當以史傳爲是。）太祖之孫景宗伷。聘政承公之女爲妃。是爲憲承皇后。仍封政承爲尙父。太平興國三年戊寅崩。謚曰敬順。冊尙父誥曰。勅。姬周啓聖之初。先封呂主。劉漢興王之始。首開簫何。自大定寰區。廣開基業。立龍圖三十代。躡麟趾四百年。日月重明。乾坤交泰。雖自無爲之主。亦開致理之臣。觀光順化衛國功臣上柱國樂浪王政承食邑八千戶金傳。世雞林。官分王爵。英烈振凌雲之氣。文章騰擲地之才。富有春秋。貴居茅土。六韜三略。恂入胸襟。七縱五申。撮飯指掌。我太祖須戴接陸擲之好。早認餘風。尋時頒駙馬之姻。內酬大節。家國既歸於一統。君臣宛合於三韓。顯播令名。光崇懿範。可加號尙父都省令。仍賜推忠愼義崇德守節功臣號。勳封如故。食邑通前爲一萬戶。有司擇日備禮册命。主者施行。開寶八年十月日。大匡內議令兼摠翰林臣翮宣奉行。奉勅如右。牒到奉行。開寶八年十月日。侍中、署。侍中、署。內奉令、署。軍部令、署。軍部令、無署。兵部令、無署。兵部令、署。廣坪侍郎、署。廣坪侍郎、無署。內奉侍郎、無署。內奉侍郎、署。軍部卿、無署。軍部卿、署。兵部卿、無署。兵部卿、署。告推忠愼義崇德守節功臣、尙父都省令、上柱國樂浪都王、食邑一萬戶、金傅。奉勅如右。符到奉行。主事、無名。郎中、無名。書令、史、無名。孔目。無名。開寶八年十月日。下。

史論曰。新羅朴氏、昔氏。皆自卵生。金氏從天入金樻而降。或云乘金車。此尤詭恠不可信。然世俗相傳爲實事。今但厚厥初。在上者。其爲己也、儉。其爲人也、寬。其設官也、略。其行事也、簡。以至誠事中國。梯航朝聘之使、相續不絕。常遣子弟。造朝宿衞。入學而誦習。于以襲聖賢之風化。革鴻荒之俗。爲禮義之邦。又憑王師之威靈。平百濟高句麗。取其地、郡縣。可謂盛矣。然而奉浮屠之法。不知其弊。至使閭里比其塔廟。齊民逃於緇褐。兵農侵小。而國家日衰。幾何其不亂且亡也哉。於是時。景哀王加之以荒樂。與宮人左右出遊鮑石亭。置酒燕衞。不知甄萱之至。與夫門外韓擒虎、樓頭張麗華、無以異矣。若敬順之歸命太祖。雖非獲已。亦可佳矣。向若力戰守死。以抗王師。至於力屈勢窮。則必覆其家族。害及于無辜之民。而乃不待告命。封府庫。籍群難。以歸之。其有功於朝廷。有德於生民。甚大。昔錢氏以吳越入宋。蘇子瞻謂之忠臣。今新羅功德過於彼遠矣。我太祖妃嬪衆多。其子孫亦繁衍。而顯宗自新羅外孫即寶位。此後繼統者皆其子孫。豈非陰德也歟。新羅既納土國除。阿干神會。罷外署還。見都城離潰。有黍離離嘆。乃作歌。歌亡未詳。

南扶餘。　前百濟。　北扶餘、已見上。

扶餘郡者、前百濟王都也。或稱所夫里郡。按三國史記。百濟聖王二十六年戊午春。移都於泗沘。國號南扶餘。注曰。其地名所夫里。泗沘、今之古省津也。所夫里者、扶餘之別號也。已上注。又按、量田帳籍曰。所夫里郡田丁。柱貼、今言扶餘郡者、復上古之名也。百濟王姓扶氏。故稱之。或稱餘州者。郡西資福寺高座之上。有繡帳焉。其繡文曰。統和十五年丁酉五月日餘州功德大寺繡帳。又昔者河南置林州刺史。其時圖籍之內。有餘州二字。林州、今佳林郡也。餘州、今之扶餘郡也。百濟地理志曰。後漢書曰。三韓凡七十八國。百濟是其一國焉。北史云。百濟東極新羅。西南限大海。北際漢江。其郡曰居扶城。又云固麻城。其外更有五方城。　通典云。百濟南接新羅。北距高麗。西限大海。　舊唐書云。百濟扶餘之別種。東北新羅。西渡海越州。南渡海至倭。北高麗。其王所居。有東西兩城。　新唐書云。百濟西界越州。南倭。皆踰海。北高麗。　史本記云。百濟始祖溫祚。其父雛牟王。或云朱蒙。

自北扶餘逃難。至卒本扶餘。州之王無子。只有三女。見朱蒙知非常人。以第二女妻之。未幾。扶餘州王薨。朱蒙嗣位。生二子。長曰沸流。次曰溫祚。恐後太子所不容。遂與烏干、馬黎等臣南行。百姓從之者多。遂至漢山。登負兒岳。望可居之地。沸流欲居於海濱。十臣諫曰。惟此河南之地。北帶漢水。東據高岳。南望沃澤。西阻大海。其天險地利。難得之勢。作都於斯。不亦宜乎。沸流不聽。分其民。歸彌雛忽居之。溫祚都河南慰禮城。以十臣爲輔翼。國號十濟。是漢成帝鴻佳三年也。沸流以彌雛忽土濕水鹹。不得安居。皈見慰禮都邑鼎定、人民安泰。遂慙悔而死。其臣民皆皈於慰禮城。後以來時百姓樂悅。改號百濟。其世系與高句麗同出扶餘。故以解爲氏。後至聖王。移都於泗沘。今扶餘郡。彌雛忽、仁州。慰禮、今稷山。按古典記云。東明王第三子溫祚。以前漢鴻佳三年癸酉。自卒本扶餘。至慰禮城。立都稱王。十四年丙辰。移都漢山。今廣州。歷三百八十九年。至十三世近肖古王。咸安元年。取高句麗南平壤。

移都北漢城。（今楊州。）歷一百五年。至二十二世文周王即位、元徽三年乙卯。移都熊川。（今公州。）歷六十三年。至二十六年世聖王。移都所夫里。國號南扶餘。至三十一世義慈王。歷一百二十年。至唐顯慶五年。是義慈王在位二十年。新羅金庾信與蘇定方討平之。百濟國舊有五部。分統三十七郡、二百濟城、七十六萬戶。唐以地。分置熊津、馬韓、東明、金漣、德安等五都督府。仍其酋長爲都督府刺史。未幾。新羅盡幷其地。置熊、全、武三州及諸郡縣。　又虎嵓寺有政事嵓。國家將議宰相。則書當選者名或三四。函封置嵓上。須臾取看。名上有印跡者爲相。故名之。　又泗沘河邊有一嵓。蘇定方嘗坐此上。釣魚龍而出。故嵓上有龍跪之跡。因名龍嵓。　又郡中有三山。曰日山、吳山、浮山。國家全盛之時。各有神人居其上。飛相往來。朝夕不絕。　又泗沘崖又有一石。可坐十餘人。百濟王欲幸王興寺禮佛。先於此石望拜佛。其石自煖。因名㷝石。　又泗沘河兩崖如畫屛。百濟王每遊宴歌舞。

故至今稱爲大王浦。　又始祖温祚乃東明第三子。体洪大。性孝友。善騎射。　又多婁王寬厚有威望。　又沙沸王。一作沙伊王。仇首崩嗣位。而幼少不能政。即廢而立古爾王。或云。至樂初二年己未。乃崩。古爾方立。

武王。古本作武康。非也。百濟無武康。

第三十。武王名璋。母寡居。築室於京師南池邊。池龍交通而生。小名薯童。器量難測。常掘薯蕷。賣爲活業。國人因以爲名。聞新羅眞平王第三公主善花一作善化美艷無雙。剃髮來京師。以薯蕷餉閭里羣童。羣童親附之。乃作謠。誘羣童而唱之云。善化公主主隱　他密只嫁良置古　薯童房乙夜矣卯乙抱遣去如。　童謠滿京。達於宮禁。百官極諫。竄流公主於遠方。將行。王后以純金一斗贈行。公主將至竄所。薯童出拜途中。將欲侍衞而行。公主雖不識其從來。偶爾信悅。因此隨行。潛通焉。然後知薯童名。乃信童謠之驗。同至百濟。出母后所贈金。將謀計活。薯童大笑曰。此何物也。主曰。此是黃金。可致百年之富。薯童曰。吾自小掘薯之地。委積如泥土。主聞大驚曰。此是天下至寶。君今知金之所在。則此寶輸送父母宮殿何如。薯童曰。可。於是聚金。積如丘陵。詣龍華山師子寺知命法師所。問輸金之計。師曰。吾以神力可輸。將金來矣。主作書。并金置於師子前。師以神力。一夜輸置新羅宮中。眞平王異其神變。尊敬尤甚。常馳書問安否。薯童由此得人心。即王位。一日王與夫人欲幸師子寺。至龍華山下大池邊。彌勒三尊出現池中。留駕致敬。夫人謂王曰。須創大伽藍於此地。固所願也。王許之。詣知命所。問塡池事。以神力一夜頹山塡池爲平地。乃法像彌勒三會。殿塔廊廡各三所創之。額曰彌勒寺。(國史云王興寺。)眞平王遣百工助之。至今存其寺。(三國史云是法王之子。而此傳之獨女之子。未詳。)

後百濟　甄萱。

三國史本傳云。甄萱尙州加恩縣人也。咸通八年丁亥生。本姓李。後以甄爲氏。父阿慈个。以農自活。光啓中據沙弗城。(今尙州)自稱將軍。有四子。皆知名於世。萱號傑出。多智略。李碑家記云。眞興大王妃思刀諡曰白鯎夫人。第三子仇輪公之子波珍干善品之子角干酌珍妻王咬巴里生角干元善。是爲阿慈个也。慈之第一妻上院夫人。第二妻南院夫人。生五子一女。其長子是尙父萱。二子將軍能哀。三子將軍龍蓋。四子寶蓋。五子將軍小蓋。一女大主刀金。又古記云。昔一富人居光州北村。有一女子。姿容端正。謂父曰。每有一紫衣男到寢交婚。父謂曰。汝以長絲貫針刺其衣。從之。至明尋絲於北墻下。針刺於大蚯蚓之腰。因姙生一男。年十五。自稱甄萱。至景福元年壬子稱王。立都於完山郡。理四十三年。以淸泰元年甲午。萱之三子簒逆。萱投太祖。子金剛卽位。天福元年丙申。與高麗兵會戰於一善郡。百濟敗績。國亡云。初萱生孺褓時。父耕于野。母餉之。以兒置于林下。虎來乳之。鄕黨聞者異焉。及壯體貌雄奇。志氣倜儻不凡。從軍入王京。赴西南海防戍。枕戈待敵。其氣恒爲士卒先。以勞爲裨將。唐昭宗景福元年、是新羅眞聖王在位六年。嬖豎在側。竊弄國權。綱紀紊弛。加之以飢饉。百姓流移。群盜蜂起。於是萱竊有叛心。嘯聚徒侶。行擊京西南州縣。所至響應。旬月之間。衆至五千。遂襲武珍州自王。猶不敢公然稱王。自署爲新羅西面都統行全州刺史兼御史中承上柱國漢南國開國公。龍化元年己酉也。一云。景福元年壬子。是時北原賊良吉雄强。弓裔自投爲麾下。萱聞之。遙授良吉職爲裨將。萱西巡至完山州。州民迎勞。喜得人心。謂左右曰。百濟開國六百餘年。唐高宗以新羅之請。遣將軍蘇定方。以舡兵十三萬越海。新羅金庾信卷土歷黃山。與唐兵合。攻百濟滅之。予今敢不立都以雪宿憤乎。遂自稱後百濟王。設官分職。是唐光化三年。新羅孝恭王四年也。貞明四年戊寅。鐵原京衆心忽變。推戴我太祖即位。萱聞之。遣使稱賀。遂獻孔雀扇地理山竹箭等。萱與我太祖。陽和陰尅。獻驄馬於太祖。三年冬十月。

萱率三千騎至曹物城。(今未詳。)太祖亦以精兵來與之角。萱兵銳。未决勝負。太祖欲權和以老其師。移書乞和。以堂弟王信爲質。萱亦以外甥眞虎交質。十二月。攻取居西(今未詳)等二十餘城。遣使入後唐稱藩。唐策授檢校大尉兼侍中判百濟軍事。依前都督行全州刺史海東四面都統指揮兵馬判置等事百濟王食邑二千五百戶。四年。眞虎暴卒。疑故殺。即囚王信。使人請還前年所送驄馬。太祖笑還之。天成二年丁亥九月。萱攻取近品城(今山陽縣。)燒之。新羅王求救於太祖。太祖將出師。萱襲取高鬱府。(今蔚州。)進軍族始林。(一云雞林西郊。)卒入新羅王都。新羅王與夫人出遊鮑石亭時。由是甚敗。萱强引夫人亂之。以王之族弟金傅嗣位。然後虜王弟孝廉、宰相英景。又取國珍寶、兵仗、子女、百工之巧者。自隨以歸。太祖以精騎五千。要萱於公山下大戰。太祖之將金樂、崇謙死之。諸軍敗北。太祖僅以身免。而不與相抵。使盈其貫。萱乘勝轉掠大木城、(今若木。)京山府、康州。攻缶谷城。又義成府之守洪述、拒戰而死。太祖聞之曰。吾失右手矣。四十二年庚寅。萱欲攻古昌郡。今安東。大擧而石山營寨。太祖隔百步、而郡北瓶山營寨。累戰。萱敗。獲侍郞金渥。翌日萱收卒。襲破順城。城主元逢不能禦。棄城宵遁。太祖赫怒。貶爲下枝縣。今豐山縣。元逢本順州城人故也。新羅君臣以衰季難以復興。謀引我太祖。結好爲援。萱聞之又欲入王都作惡。恐太祖先之。寄書于太祖曰。昨者國相金雄廉等將召足下入京。有同鼈應黿聲。是欲鷃披準翼。必使生靈塗炭、宗社丘墟。僕是以先著祖鞭。獨揮韓鉞。誓百寮如皎日。諭六部以義風。不意姦臣遁逃。邦君薨變。遂奉景明王表弟、獻康王之外孫。勸即尊位。再造危邦。喪君有君於是乎在。足下勿詳忠告。徒聽流言。百計窺覦。多方侵擾。尙不能見僕馬首、拔僕牛毛。冬初、都頭索湘束手於星山陣下。月內、左將金樂曝骸於美利寺前。殺獲居多。追禽不小。强羸若此。勝敗可知。所期者。掛弓於平壤之樓。飮馬於浿江之水。然以前月七日。吳越國使班尙書至。傳王詔旨。知卿與高麗、久通和好。共契隣盟。比因質子之兩亡。遂失和親之舊好。互侵疆境。不戢干戈。今專發使臣。赴卿本道。又移文高麗。宜各相親比、永孚于休。僕義篤尊王。情深事大。及聞詔諭。即欲祗承。但慮足下欲罷不能。困而猶鬪。今錄詔書寄呈。請留心詳悉。且兎獹迭憊。終必貽譏。蚌鷸相持。亦爲所笑。宜迷復之爲誡、無後悔之自貽。天成三年正月。太祖答曰。伏奉吳越國通使班尚書所傳詔旨書一道。兼蒙足下辱示長書叙事者。伏以華軺膚使。爰到制書。尺素好音。兼蒙教誨。捧芝檢而雖增感激。闢華牋而難遣嫌疑。今託廻軒。輙敷危衽。僕仰承天假。俯迫人推。過叨將帥之權。獲赴經綸之會。頃以三韓厄會。九土凶荒。黔黎多屬於黃巾。田野無非其赤土。庶幾弭風塵之警。有以救邦國之災。爰自善隣。於爲結好。果見數千里農桑樂業。七八年士卒閑眠。及至癸酉年。維時陽月。忽焉生事。至乃交兵。足下始輕敵以直前。若螳蜋之拒轍。終知難而勇退。如蚊子之負山。拱手陳辭。指天作誓。今日之後。永世歡和。苟或渝盟。神其殛矣。僕亦尙止戈之武。期不殺之仁。遂解重圍。以休疲卒。不辭質子。但欲安民。此即我有大德於南人也。豈期歃血未乾、凶威復作。蜂蠆之毒。侵害於生民。狼虎之狂。爲梗於畿甸。金城窘忽。黃屋震驚。仗義尊周。誰似桓文之覇。乘間謀漢。唯看莽卓之奸。致使王之至尊、枉稱子於足下。尊卑失序。上下同憂。以爲非有元輔之忠純。豈得再安社稷。以僕心無匿惡、志切尊王。將援置於朝廷、使扶危於邦國。足下見毫釐之小利。忘天地之厚恩。斬戮君主。焚燒宮闕。葅醢卿佐。虔劉士民。姬姜則取以同車。珍寶則奪之相載。元惡浮於桀紂。不仁甚於獍梟。僕怨極崩天。誠深却日。約効鷹鸇之逐、以申犬馬之勤。再擧干戈。兩更槐柳。陸戰則雷馳電激。水攻則虎搏龍騰。動必成功。擧無虛發。逐尹卿於海岸。積甲如山。禽雛造於城邊。伏屍蔽野。燕山郡畔。斬吉奐於軍前。馬利（疑伊山郡）城。戮隨晤於纛下。拔任存（今大興郡）之日。刑積等數百人捐軀。破淸川縣（尙州領內縣名）

之時。直心等四五輩授首。桐藪（今桐華寺）望旗而潰散。京山銜璧以投降。康州則自南而來。羅府則自西移屬。侵攻若此。收復寧遙。必期泜水營中、雪張耳千般之恨、烏江岸上、成漢王一捷之心。竟息風波。永清寰海。天之所助。命欲何歸。況承吳越王殿下。德洽包荒。仁深字小。特出綸於丹禁。諭戢難於青丘。既奉訓謀。敢不尊奉。若足下祗承睿旨。悉戢凶機。不唯副上國之仁恩。抑亦可紹海東之絕緒。若不過而能改。其如悔不可追。（書乃崔致遠作也。）長興三年。甄萱臣龔直勇而有智略。來降太祖。萱捉龔直二子一女。烙斷股筋。秋九月。萱遣一吉。以舡兵入高麗禮城江。留三日。取鹽白貞三州船一百艘。焚之而去云云。清泰元年甲午。萱聞太祖屯運州。（未詳。）遂簡甲士。蓐食而至。未及營壘。將軍黔弼以勁騎擊之。斬獲三千餘級。熊津以北三十餘城。聞風自降。萱麾下術士宗訓、醫者之謙、勇將尙逢、崔弼等降於太祖。丙申正月。萱謂子曰。老夫新羅之季。立後百濟名。有年于今矣。兵倍於北軍。尙爾不利。殆天假手爲高麗。盡歸順於北王。保首領矣。其子神劍、龍劍、良劍等三人皆不應。李磾家記云。萱有九子。長曰神劍。一云甄成。二子太師謙腦。三子佐承龍述。四子大師聰智。五子大阿干宗祐。六子闕。七子佐承位興。八子太師靑丘。一女國大夫人。皆上院夫人所生也。萱多妻妾。有子十餘人。第四子金剛。身長而多智。萱特愛之。意欲傳位。其兄神劍、良劍、龍劍知之憂悶。時良劍爲康州都督。龍劍爲武州都督。獨神劍在側。伊飡能奐使人往康、武二州。與良劍等謀。至淸泰二年乙未春三月。與英順等勸神劍。幽萱於金山佛宇。遣人殺金剛。神劍自稱大王。赦境內 云云。初萱寢未起。遙聞宮庭呼喊聲。問是何聲歟。告父曰。王年老暗於軍國政要。長子神劍攝父王位。而諸將歡賀聲也。俄移父於金山佛宇。以巴達等壯士三十人守之。童謠曰。可憐完山兒。失父涕連洒。萱與後宮年少男女二人、侍婢古比女、內人能乂男等囚繫。至四月。釀酒而飲醉守卒三十人。而與小元甫香乂、吳琰、忠質等以海路迎之。既至。以萱爲十年之長。尊號爲尙父。安置于南宮。
賜楊州食邑田莊、奴婢四十口、馬九匹。以其國先來降者信康爲衙
前。甄萱婿將軍英規密語其妻曰。大王勤勞四十餘年。功業垂成。一
旦以家人之禍失地。從於高麗。夫貞女不可二夫。忠臣不事二主。若
捨己君。以事逆子耶。何顔以見天下之義士乎。況聞高麗王公仁厚
懃儉、以得民心。殆天啓也。必爲三韓之主。盍致書以安慰我王、兼慇
懃於王公、以圖後來之福乎。妻曰。子之言是吾意也。於是天福元年
丙申二月。遣人致意於太祖曰。君擧義旗。請爲內應。以迎王師。太祖
喜。厚賜其使者遣之。謝英規曰。若蒙恩一合。無道路之梗。即先致謁
於將軍。然後升堂拜夫人。兄事而姊尊之。必終有以厚報之。天下鬼
神皆聞此語。六月。萱告太祖。老臣所以投身於殿下者。願仗殿下威
稜、以誅逆子耳。伏望大王借以神兵、殲其賊亂。臣雖死無憾。太祖曰。
非不欲討之。待其時也。先遣太子及武將軍述希。領步騎十萬。趣天

安府。秋九月。太祖率三軍至天安。合兵進次一善。神劒以兵逆之。甲午。隔一利川相對。王師背艮向坤而陣。太祖與萱觀兵。忽白雲狀如劒戟起。我師向彼行焉。乃鼓行而進。百濟將軍孝奉、德述、哀述、明吉等。望兵勢大而整。弃甲降於陣前。太祖勞慰之。問將帥所在。孝奉等曰。元帥神劒在中軍。太祖命將軍公萱等。三軍齊進挾擊。百濟軍潰北至黃山炭峴。神劒與二弟、將軍富達、能奐等四十餘人生降。太祖受降。餘皆勞之。許令與妻子上京。問能奐曰。始與良劒等密謀。囚大王立其子者。汝之謀也。爲臣之義。當如是乎。能奐俛首不能言。遂命誅之。以神劒僭位爲人所脅、非其本心、又且歸命乞罪。特原其死。甄萱憂懣發疽。數日卒於黃山佛舍。九月八日也。壽七十。太祖軍令嚴明。士卒不犯秋毫。州縣安堵。老幼皆呼萬歲。謂英規曰。前王失國後。其臣子無一人慰之者。獨卿夫妻千里嗣音。以致誠意。兼歸美於寡人。其義不可忘。許職左承。賜田一千頃。許借驛馬三十五、匹以迎家人。賜其二子以官。甄萱起唐景福元年。至晉天福元年。共四十五年。丙申滅。　史論曰。新羅數窮道喪。天無所助。民無所歸。於是羣盜投隙而作。若猬毛然。其劇者弓裔、甄萱二人而已。弓裔本新羅王子。而反以家國爲讎。至斬先祖之畫像。其爲不仁甚矣。甄萱起自新羅之民。食新羅之祿。而包藏禍心。幸國之危。侵軼都邑。虔劉君臣。若禽獸。實天下之元惡。故弓裔見弃於其臣。甄萱產禍於其子。皆自取之也又誰咎也。雖項羽李密之雄才。不能敵漢唐之興。而況裔、萱之凶人。豈可與我太祖相抗歟。

駕洛國記。文廟朝。大康年間。金官知州事文人所撰也。今略而載之。

開闢之後。此地未有邦國之號。亦無君臣之稱。越有我刀干、汝刀干、彼刀干、五刀干、留水干、留天干、神天干、五天干、神鬼干等九干者。是酋長。領總百姓。凡一百戶、七万五千人。多以自都山野。鑿井而飲。耕田而食。屬後漢世祖光武帝建武十八年壬寅三月禊洛之日。所居北龜旨（是峯巒之稱。若十朋伏之狀。故云也。）有殊常聲氣。呼喚衆庶。二三百人集會於此。有如人音。隱其形、而發其音曰。此有人否。九干等云。吾徒在。又曰。吾所在爲何。對云。龜旨也。又曰。皇天所以命我者。御是處。惟新家邦。爲君后。爲茲故降矣。你等須掘峯頂撮土、歌之云。龜何龜何、首其現也、若不現也、燔灼而喫也。以之蹈舞。則是迎大王。歡喜踴躍之也。九干等如其言。咸忻而歌舞。未幾仰而觀之。唯紫繩自天垂而著地。尋繩之下。乃見紅幅裏金合子。開而視之。有黃金卵六、圓如日者。衆人悉皆驚喜。俱伸百拜。尋還。裏著抱持、而歸我刀家。寘榻上。其衆各散。過浹辰。翌日平明。衆庶復相聚集開合。而六卵化爲童子。容貌甚偉。仍坐於床。衆庶拜賀。盡恭敬止。日日而大。踰十餘晨昏。身長九尺、則殷之天乙。顏如龍焉、則漢之高祖。眉之八彩、則有唐之高。眼之重瞳、則有虞之舜。其於月望日即位也。始現故諱首露。或云首陵。（首陵是崩後謚也。）國稱大駕洛。又稱伽耶國。即六伽耶之一也。餘五人各歸爲五伽耶主。東以黃山江。西南以滄海。西北以地理山。東北以伽耶山南而爲國尾。俾創假宮而入御。但要質儉。茅茨不剪。土階三尺。二年癸卯春正月。王若曰。朕欲定置京都。仍駕幸假宮之南新畓坪。（是古來閑田新耕作。故云也。畓乃俗文也。）四望山嶽。顧左右曰。此地狹小如蓼葉。然而秀異。可爲十六羅漢住地。何況自一成三、自三成七。七聖住地。固合于是。托土開疆。終然允臧歟。築置一千五百步周迴羅城、宮禁殿宇、及諸有司屋宇、武庫倉廩之地事訖。還宮。徧徵國內丁壯人夫工匠。以其月二十日資始金陽。暨三月十日役畢。其宮闕屋舍、候農隙而作之。經始于厥年十月。逮甲辰二月而成。涓吉辰御新宮。理萬機而懃庶務。忽有琓夏國含達王之夫人妊娠。彌月生卵。卵化爲人。名曰脫解。從海而來。身長三尺。頭圓一尺。悅焉詣闕。語於王云。我欲奪王之位。故來耳。答曰。天命我俾即于位。將令安中國、而綏下民。不敢違天之命以與之位。又不敢以吾國吾民付囑於汝。解云。若爾可爭其術。王曰。可也。俄頃之間。解化爲鷹。王化爲鷲。又解化爲雀。王化爲鸇。于此際也。寸陰未移。解還本身。王亦復然。解乃伏膺曰。僕也適於角術之場。鷹之鷲。雀之於鸇。獲免焉。此蓋聖人惡殺之仁而然乎。僕之與王。爭位良難。便拜辭而出。到麟郊外渡頭。將中朝來泊之水道而行。王竊恐滯留謀亂。急發舟師五百艘而追之。解奔入雞林地界。舟師盡還。事記所載多異與新羅。屬建武二十四年戊申七月二十七日。九干等朝謁之次。獻言曰。大王降靈已來。好仇未得。請臣等所有處女絕好者。選入宮闈。俾爲伉儷。王曰。朕降于茲。天命也。配朕而作后。亦天之命。卿等無慮。遂命留天干。押輕舟、持駿馬。到望山島立待。申命神鬼干。就乘岾。(望山島、京南島嶼也。乘岾、輦下國也。)忽自海之西南隅。掛緋帆。張茜旗。而指乎北。留天等先舉火於島上。則競渡下陸。爭奔而來。神鬼望之。走入闕奏之。上聞欣欣。尋遣九干等。整蘭橈。揚桂揖而迎之。旋欲陪入內。王后乃曰。我與爾等素昧平生。焉敢輕忽相隨而去。留天等返達后之語。王然之。率有司動蹕。從闕下西南六十步許地。山邊設幔殿祗候。王后於山外別浦津頭。維舟登陸。憩於高嶠。解所著綾袴爲贄。遺于山靈也。其他侍從媵臣二員。名曰申輔、趙匡。其妻二人。號慕貞、慕良。或臧獲幷計二十餘口。所賫錦繡綾羅、衣裳疋段、金銀珠玉、瓊玖服玩器、不可勝記。王后漸近行在。上出迎之。同入帷宮。媵臣已下衆人。就階下而見之即退。上命有司。引媵臣夫妻曰。人各以一房安置。已下臧獲各一房五六人安置。給之以蘭液蕙醑。寢之以文茵彩薦。至於衣服疋段寶貨之類。多以軍夫遴集而護之。於是王與后共在御國寢。從容語王曰。妾是阿踰陁國公主也。姓許。名黃玉。年二八矣。在本國時。今年五月中。父王與皇后顧妾而語曰。爺孃一昨夢中。同見皇天上帝。謂曰。駕洛國元君首露者。天所降而俾御大寶。乃神乃聖。惟其人乎。且以新莅家邦。未定匹偶。卿等湏遣公主而配之。言訖升天。形開之後。上帝之言。其猶在耳。儞於此而忽辭親向彼乎。往矣。妾也浮海遐尋於蒸棗。移天復赴於蟠桃。螓首敢叨。龍顏是近。王答曰。朕生而頗聖。先知公主自遠而屆。下臣有納妃之請。不敢從焉。今也淑質自臻。眇躬多幸。遂以合歡。兩過淸宵。一經白晝。於是遂還來船。篙工楫師共十有五人。各賜粮粳米十碩。布三十疋。令歸本國。八月一日廻鑾。與后同輦。媵臣夫妻齊鑣並駕。其漢肆雜物。咸使乘載。徐徐入闕。時銅壺欲午。王后爰處中宮。勅賜媵臣夫妻私屬空閑二室分入。餘外從者以賓館。一坐二十餘間。酌定人數。區別安置。日給豐羨。其所載珍物。藏於內庫。以爲王后四時之費。一日上語臣下曰。九干等俱爲庶僚之長。其位與名。皆是宵人野夫之號。頓非簪履職位之稱。儻化外傳聞。必有嗤笑之耻。遂改我刀爲我躬。汝刀爲汝諧。彼刀爲彼藏。五方爲五常。留水、留天之名。不動上字。改下字。留功、留德。神天改爲神道。五天改爲五能。神鬼之音不易。改訓爲臣貴。取雞林職儀。置角干、阿叱干、級干之秩。其下官僚。以周判漢儀而分定之。斯所以革古鼎新設官分職之道歟。於是乎理國齊家。愛民如子。其敎不肅而威。其政不嚴而理。況與王后而居也。比如天之有地、日之有月、陽之有陰。其功也、塗山翼夏。唐媛興嬌。頻年有夢得熊羆之兆。誕生太子居登公。靈帝中平六年己巳三月一日。后崩。壽一百五十七。國人如嘆坤崩。葬於龜旨東北塢。遂欲不忘子愛下民之惠。因號初來下纜渡頭村、曰主浦村。解綾袴高岡、曰綾峴、茜旗行入海涯、曰旗出邊。媵臣泉府卿申輔、宗正監趙匡等。到國三十年後。各產二女焉。夫與婦踰一二年而皆拋信也。其餘臧獲之輩。自來七八年間。未有玆子生。唯抱懷土之悲。皆首丘而沒。所舍賓館。圓其無人。元君乃每歌鰥枕。悲嘆良多。隔二五歲。以獻帝立安四年己卯三月二十三日而殂落。壽一百五十八歲矣。國中之人若亡天。只悲慟甚於后崩之日。遂於闕之艮方。平地、造立殯宮。高一丈、周三百步而葬之。號首陵王廟也。自嗣子居登王洎九代孫仇衝之享是廟。須以每歲孟春三之日、七之日、仲夏重五之日、仲秋初五之日、十五之日。豊潔之奠。相繼不絕。洎新羅第三十王法敏龍朔元年辛酉三月日。有制曰。朕是伽耶國元君九代孫仇衡王之降于當國也。所率來子世宗之子率友公之子庶云匝干之女文明皇后寔生我者。玆故元君於幼冲人。乃爲十五代始祖也。所御國者已嘗敗。所葬廟者今尙存。合于宗祧。續乃祀事。仍遣使於黍離之趾。近廟上上田三十頃。爲供營之資。號稱王位田。付屬本土。王之十七代孫賡世級干祗禀朝旨。主掌厥田。每歲時釀醪醴。設以餅飯茶菓庶羞等奠。年年不墜。其祭日不失居登王之所定年內五日也。芬苾孝祀。於是乎在於我。自居登王即位己卯年置便房、降及仇衡朝末。三百三十載之中。享廟禮曲。永無違者。其乃仇衡失位去國。逮龍朔元年辛酉。六十年之間。享是廟禮。或闕如也。美矣哉。文武王(法敏王諡也。)先奉尊祖。孝乎惟孝。繼泯絕之祀、復行之也。新羅季末。有忠至匝干者。攻取金官高城。而爲城主將軍。爰有英規阿干。假威於將軍。奪廟享而淫祀。當端午而致告。祠堂梁無故折墜。因覆壓而死焉。於是將軍自謂宿因多幸。辱爲聖王所御國城之奠。宜我畫其眞影、香燈供之、以酬玄恩。遂以鮫絹三尺。摸出眞影。安於壁上。旦夕膏炷。瞻仰虔至。才三日。影之二目流下血淚。而貯於地上。幾一斗矣。將軍大懼。捧持其眞。就廟而焚之。即召王之眞孫圭林而謂曰。昨有不祥事。一何重疊。是必廟之威靈。震怒余之圖畫。而供養不孫。英規既死。余甚恠畏。影已燒矣。必受陰誅。卿是王之眞孫。信合依舊以祭之。圭林繼世奠酹。年及八十八歲而卒。其子間元卿。續而克禋。端午日謁廟之祭。英規之子俊必又發狂。來詣廟。俾徹間元之奠。以己奠陳享。三獻未終。得暴疾。歸家而斃。然古人有言。淫祀無福。反受其殃。前有英規。後有俊必。父子之謂乎。又有賊徒。謂廟中多有金玉。將來盜焉。初之來也。有躬擐甲胄、張弓挾矢、猛士一人。從廟中出。四面雨射。中殺七八人。賊徒奔走。數日再來。有大蟒長三十餘尺。眼光如電。自廟旁出。咬殺八九人。粗得完免者。皆偃仆而散。故知陵園表裏。必有神物護之。自建安四年己卯始造。逮今上御圖三十一載大康二年丙辰。凡八百七十八年。所封美土。不騫不崩。所植佳木。不枯不朽。況所排列万蘊玉之片片。亦不頹坼。由是觀之。辛替否曰。自古迄今。豈有不亡之國。不破之墳。唯此駕洛國之昔曾亡。則替否之言有徵矣。首露廟之不毁。則替否之言未足信也。此中更有戲樂思慕之事。每以七月二十九日。土人吏卒。陟乘岾。設帷幕。酒食歡呼。而東西送目。壯健人夫。分類以左右之。自望山島。駮蹄駸駸。而競湊於陸。鷁首泛泛。而相推於水。北指古浦而爭趨。蓋此昔留天、神鬼等望后之來。急促告君之遺迹也。國亡之後。代代稱號不一。新羅第三十一、政明王即位、開耀元年辛巳。號爲金官京。置大守。後二百五十九年屬我太祖統合之後。代代爲臨海縣。置排岸使。四十八年也。次爲臨海郡。或爲金海府。置都護府。二十七年也。又置防禦使。六十四年也。淳化二年。金海府量田使中大夫趙文善申省狀稱。首露陵王廟屬田結數多也。宜以十五結仍舊貫。其餘分折於府之役丁。所司傳狀奏聞。時廟朝宣旨曰。天所降卵。化爲聖君。居位而延齡。則一百五十八年也。自彼三皇而下。鮮克比肩者歟。崩後自先代俾屬廟之壠畝。而今減除。良堪疑懼。而不允。使又申省。朝廷然之。半不動於陵廟中。半分給於鄉人之丁也。節使(量田使稚也。)受朝旨。乃以半屬於陵園。半以支給於府之徭役戶丁也。幾臨事畢。而甚勞倦。忽一夕夢見七八介鬼神、執縲紲、握刀劍而至。云伱有大憝。故加斬戮。其使以謂受刑而慟楚。驚懼而覺。仍有疾瘵。勿令人知之。宵遁而行。其病不問渡關而死。是故量田都帳不著印也。後人奉使來。審撿厥田。才一結十二負九束也。不足者三結八十七負一束矣。乃推鞠斜入處。報告內外官。勅理足支給焉。又有古今所嘆息者。元君八代孫金銍王克勤爲政。又切崇眞。爲世祖母許皇后奉資冥福。以元嘉二十九年壬辰。於元君與皇后合婚之地創寺。額曰王后寺。遣使審量近側平田十結。以爲供億三寶之費。自有是寺五百後。置長遊寺所納田柴幷三百結。於是右寺三剛。以王后寺在寺柴地東南標內。罷寺爲莊。作秋收冬藏之場、秣馬養牛之廐。悲夫。世祖已下九代孫曆數。委錄于下。銘曰。

元胎肇啓　利眼初明　人倫雖誕　君位未成
中朝累世　東國分京　雞林先定　駕洛後營
自無銓宰　誰察民氓　遂玆玄造　顧彼蒼生
用授符命　特遣精靈　山中降卵　霧裏藏刑
內猶漠漠　外亦冥冥　望如無象　聞乃有聲
羣歌而奏　衆舞而呈　七日而後　一時所丁△
風吹雲卷　空碧天青　下六圓卵　垂一紫纓
殊方異土　比屋連甍　觀者如堵　覩者如羹
五歸各邑　一在玆城　同時同迹　如弟如兄

實天生德　爲世作程　寶位初陟　寰區欲淸
華構徵古　土階尙平　萬機始勉　庶政施行
無偏無黨　惟一惟精　行者讓路　農者讓耕
四方奠枕　萬姓迓衡　俄晞薤露　靡保椿岭
乾坤變氣　朝野痛情　金相其躅　玉振其聲
來苗不絕　薦藻惟馨　日月雖逝　規儀不傾

居登王。父首露王。母許王后。立安四年己卯三月十三日即位。治三十九年。嘉平五年癸酉九月十七日崩。王妃泉府卿申輔女慕貞。生太子麻品。開皇曆云。姓金氏。盖國世祖從金卵而生。故以金爲姓爾。

麻品王。一云馬品。金氏。嘉平五年癸酉即位。治三十九年。永平元年辛亥一月二十九日崩。王妃宗正監趙匡孫女好仇。生太子居叱彌。

居叱彌王。一云今勿。金氏。永平元年即位。治五十六年。永和二年丙午七月八日崩。王妃阿躬阿干孫女阿志。生王子伊品。

伊尸品王。金氏。永和二年即位。治六十二年。義凞三年丁未四月十日崩。王妃司農卿克忠女貞信。生王子坐知。

坐知王。一云金叱。義凞三年即位。娶傭女。以女黨爲官。國內擾亂。雞林國以謀欲伐。有一臣名朴元道。諫曰。遺草閱閱亦含羽。况乃人乎。天亡地陷。人保何基。又卜士筮得解卦。其辭曰。解而悔。朋至斯孚。君鑑易卦乎。王謝曰。可擯傭女。貶於荷山島。改行其政。長御安民也。治十五年。永初二年辛酉五月十二日崩。王妃道寧大阿干女福壽。生子吹希。

吹希王。一云叱嘉。金氏。永初二年即位。治三十一年。元嘉二十八年辛卯二月三日崩。王妃進思角干女仁德。生王子銍知。

銍知王。一云金銍王。元嘉二十八年即位。明年。爲世祖許黃玉王后、奉資冥福。於初與世祖合御之地。創寺曰王后寺。納田十結充之。治四十二年。永明十年壬申十月四日崩。王妃金相沙干女邦媛。生王子鉗知。

鉗知王。一云金鉗王。永明十年即位。治三十年。正光二年辛丑四月七日崩。王妃出忠角干女淑。生王子仇衡。

仇衡王。金氏。正光二年即位。治四十二年。保定二年壬午九月。新羅第二十四君眞興王。興兵薄伐。王使親軍卒彼衆我寡。不堪對戰也。仍遣同氣脫知尒叱今。留在於國。王子上孫卒支公等降入新羅。王妃分叱水尒叱女桂花。生三子。一世宗角干。二茂刀角干。三茂得角干。開皇錄云。梁中大通四年壬子。降于新羅。
議曰。案三國史。仇衡以梁中大通四年壬子。納土投
羅。則計自首露初即位東漢建武十八年壬寅。至仇
衡末壬子。得四百九十年矣。若以此記考之。納土在
元魏保定二年壬午。則更三十年。總五百二十年矣。
今兩存之。

三國遺事卷二

三國遺事卷第三。

興法第三。

順道肇麗。（道公之次。亦有法深、義淵、曇嚴之流。相繼而興教。然古傳無文。今亦不敢編次。詳見僧傳。）

高麗本記云。小獸林王即位二年壬申。乃東晉咸安二年孝武帝即位之年也。前秦符堅遣使及僧道。送佛像經文。（時堅都關中。即長安。）又四年甲戌。阿道來自晉。明年乙亥二月。創肖門寺。以置順道。又創伊弗蘭寺。以置阿道。此高麗佛法之始。　僧傳作二道來自魏云者。誤矣。實自前秦而來。又云肖門寺今興國。伊弗蘭寺今興福者。亦誤。按麗時都安市城。一名安丁忽。在遼水之北。遼水一名鴨淥。今云安民江。豈有松京之興國寺名。讚曰。　鴨淥春深渚草鮮。白沙鷗鷺等閑眠。忽驚柔櫓一聲遠。何處漁舟客到烟。

難陁闢濟。

百濟本記云。第十五（僧傳云十四。誤。）枕流王即位甲申。（東晉孝武帝大元九年。）胡僧摩羅難陁至自晉。迎置宮中禮敬。明年乙酉。創佛寺於新都漢山州。度僧十人。此百濟佛法之始。又阿莘王即位大元十七年二月。下敎崇信佛法求福。摩羅難陁、譯云童學。(其異迹詳見僧傳。)讚曰。 天造從來草昧間。大都爲伎也應難。翁翁自解呈歌舞。引得旁人借眼看。

阿道基羅。(一作我道。又阿頭。)

新羅本記第四云。第十九訥祗王時。沙門墨胡子自高麗至一善郡。郡人毛禮(或作毛祿。)於家中作堀室安置。時梁遣使賜衣著香物。(高得相詠史詩云。梁遣使僧曰元表。宣送溟檀及經像。)君臣不知其香名與其所用。遣人齎香。遍問國中。墨胡子見之曰。此之謂香也。焚之則香氣芬馥。所以達誠於神聖。神聖未有過於三寶。若燒此發願。則必有靈應。(訥祗在晉宋之世。而云梁遣使。恐誤。)時王女病革。使召墨胡子。焚香表誓。王女之病尋愈。王喜厚加賚貺。俄而不知所歸。又至二十一毗處王時。有我道和尚。與侍者三人。亦來毛禮家。儀表似墨胡子。住數年。無疾而終。其侍者三人留住。講讀經律。往往有信奉者。

(有注云。與本碑及諸傳記殊異。又高僧傳云西竺人。或云從吳來。)按我道本碑云。我道高麗人也。母高道寧。正始間。曹魏人我(姓我也。)崛摩奉使句麗。私之而還。因而有娠。師生五歲。其母令出家。年十六。歸魏。省覲崛摩。投玄彰和尚講下就業。年十九。又歸寧於母。母謂曰。此國于今不知佛法。爾後三千餘月。鷄林有聖王出。大興佛敎。其京都內有七處伽藍之墟。一曰。金橋東天鏡林。(今興輪寺。金橋謂西川之橋。俗訛呼云松橋也。寺自我道始基。而中廢。至法興王丁未草創。乙卯大開。眞興王畢成。)二曰。三川岐。(今永興寺。與興輪開同代。)三曰。龍宮南。(今皇龍寺。眞興王癸酉始開。)四曰。龍宮北。(今芬皇寺。善德甲午始開。)五曰。沙川尾。(今靈妙寺。善德王乙未始開。)六曰。神遊林。(今天王寺。文武王己卯開。)七曰。婿請田。(今曇嚴寺。)皆前佛時伽藍之墟。法水長流之地。爾歸彼而播揚大敎。當東嚮於釋祀矣。道禀敎至鷄林。寓止王城西里。今嚴莊寺。于時未雛王即位二年癸未也。詣闕請行敎法。世以前所未見爲嫌。至有將殺之者。乃逃隱于續林(今一善縣)毛祿家。(祿與禮形近之訛。古記云。法師初來毛祿家。時天地震動。時人不知僧名。而云阿頭彡麼。彡麼者乃鄕言之稱僧也。猶言沙彌也。)三年。時成國公主疾。巫醫不効。勅使四方求醫。師率然赴闕。其疾遂理。王大悅。問其所須。對曰。

貧道百無所求。但願創佛寺於天境林。大興佛敎。奉福邦家爾。王許之。命興工。俗方質儉。編茅葺屋。住而講演。時或天花落地。號興輪寺。毛祿之妹名史氏。投師爲尼。亦於三川岐。創寺而居。名永興寺。未幾未雛王即世。國人將害之。師還毛祿家。自作塚。閉戶自絕。遂不復現。因此大敎亦廢。至二十三法興大王。以蕭梁天監十三年甲午登位。乃興釋氏。距未雛王癸未之歲、二百五十二年。道寧所言三千餘月驗矣。據此。本記與本碑。二說相戾。不同如此。嘗試論之。梁唐二僧傳、及三國本史皆載。麗濟二國佛敎之始。在晉末大元之間。則二道法師。以小獸林甲戌到高麗明矣。此傳不誤。若以毗處王時方始到羅。則是阿道留高麗百餘歲乃來也。雖大聖行止出沒不常。未必皆爾。抑亦新羅奉佛。非晚甚如此。又若在未雛之世。則却超先於到麗甲戌、百餘年矣。于時鷄林未有文物禮敎。國號猶未定。何暇阿道來請奉佛之事。又不合高麗未到而越至于羅也。設使暫興還廢。何其間寂寥無聞、而尙不識香名哉。一何大後。一何大先。揆夫東漸之勢。必始于麗濟而終乎羅。則訥祇既與獸林世相接也。阿道之辭麗抵羅。宜在訥祇之世。又王女救病。皆傳爲阿道之事。則所謂墨胡者非眞名也。乃指目之辭。如梁人指達摩、爲碧眼胡。晉調釋道安、爲柒道人類也。乃阿道危行避諱、而不言名姓故也。蓋國人隨其所聞。以墨胡阿道二名。分作二人爲傳爾。況云阿道儀表似墨胡。則以此可驗其一人也。道寧之序七處。直以創開先後預言之。而傳失之。故今以沙川尾蹟於五次。三千餘月未必盡信。蓋自訥祇之世抵乎丁未。无慮一百餘年。若曰一千餘月。則殆幾矣。姓我、單名。疑贋難詳。又按元魏釋曇始（一云惠始）傳云。始關中人。自出家已後。多有異迹。晉孝武大元年末。賫經律數十部。往遼東宣化。現授三乘。立以歸戒。蓋高麗聞道之始也。義熙初復還關中。開導三輔。始足白於面。雖涉泥水。未嘗沾濕。天下咸稱白足和尙云。晉末。朔方凶奴赫連勃勃。破獲關中。斬戮無數。時始亦遇害。刀不能傷。勃勃嗟嘆之。普赦沙門。悉皆不殺。始於是潛遁山澤。修頭陁行。拓拔燾復尅長安。擅威關洛。時有博陵崔皓。小習左道。猜嫉釋教。既位居僞輔。爲燾所信。乃與天師寇謙之說燾。佛敎無益。有傷民利。勸令廢之云云。大平之末。始方知燾將化時至。乃以元會之日。忽杖錫到宮門。燾聞令斬之。屢不傷。燾自斬之亦無傷。飼北園所養虎。亦不敢近。燾大生慙懼。遂感癘疾。崔、寇二人相次發惡病。燾以過由於彼。於是誅滅二家門族。宣下國中。大弘佛法。始後不知所終。　議曰。曇始以大元末到海東。義熙初還關中。則留此十餘年。何東史無文。始既恢詭不測之人。而與阿道、墨胡、難陁、年事相同。三人中疑一必其變諱也。讚曰。　雪擁金橋凍不開。鷄林春色未全廻。可怜青帝多才思。先著毛郎宅裏梅。

原宗興法。距訥祗世一百餘年。　猒髑滅身。

新羅本記。法興大王即位十四年。小臣異次頓爲法滅身。即蕭梁普通八年丁未。西竺達摩來金陵之歲也。是年。朗智法師亦始住靈鷲山開法。則大教興衰。必遠近相感一時。於此可信。元和中。南澗寺沙門一念撰髑香墳禮佛結社文。載此事甚詳。其略曰。昔在法興大王垂拱紫極之殿。俯察扶桑之域。以謂昔漢明感夢。佛法東流。寡人自登位。願爲蒼生欲造修福滅罪之處。於是朝臣（鄉傳云。工目謁恭等。）未測深意。唯遵理國之大義。不從建寺之神略。大王嘆曰。於戲。寡人以不德丕承大業。上虧陰陽之造化。下無黎庶之歡。萬機之暇。留心釋風。誰與爲伴。粵有內養者。姓朴字猒髑。（或作異次。或云伊處。方音之別也。譯云猒也。髑、頓、道、覩、獨等。皆隨書者之便。乃助辭也。今譯上不譯下。故云猒髑。又猒覩等也。）其父未詳。祖阿珍宗郞。習寶葛文王之子也。（新羅官爵凡十七級。其第四曰波珍喰。亦云阿珍喰也。宗其名也。習寶亦名也。羅人凡追封王者。皆稱葛文王。其實史臣亦云未詳。又按金用行撰阿道碑。舍人時年二十六。父吉升。祖功漢。曾祖乞解大王。）挺竹栢而爲質。抱水鏡而爲志。積善曾孫。望宮內之爪牙。聖朝忠臣。企河清之登侍。時年二十二。當充舍人。（羅爵有大舍小舍等。蓋下士之秩。）瞻仰龍顏。知情擊目。奏云。臣聞。古人問策蒭蕘。願以危罪啓諮。王曰。非爾所爲。舍人曰。爲國亡身。

臣之大節。爲君盡命、民之直義。以謬傳辭、刑臣斬首。則萬民咸伏。不敢違敎。王曰。解肉枰軀、將贖一鳥。洒血摧命、自怜七獸。朕意利人。何殺無罪。汝雖作功德。不如避罪。舍人曰。一切難捨、不過身命。然小臣夕死。大敎朝行。佛日再中。聖主長安。王曰。鸞鳳之子。幼有凌霄之心。鴻鵠之兒。生懷截波之勢。爾得如是。可謂大士之行乎。於焉大王權整威儀。風刀東西。霜仗南北。以召群臣。乃問。卿等於我、欲造精舍。故作留難。（鄉傳云。髑爲以王命、傳下興工創寺之意。羣臣來諫。王乃責怒於髑。刑以僞傳王命。）於是羣臣戰戰兢懼。傯侗作誓。指手東西。王喚舍人而詰之。舍人失色。無辭以對。大王忿怒。勅令斬之。有司縛到衙下。舍人作誓。獄吏斬之。白乳湧出一丈。（鄉傳云。舍人誓曰。大聖法王。欲興佛敎。不顧身命。多却結緣。天垂瑞祥。遍示人庶。於是其頭飛出。落於金剛山頂云云。）天四黯黲。斜景爲之晦明。地六震動。雨花爲之飄落。聖人哀戚。沾悲淚於龍衣。冢宰憂傷。流輕汗於蟬冕。甘泉忽渴。魚鼈爭躍。直木先折。猿猱群鳴。春宮連鑣之侶。泣血相顧。月庭交袖之朋。斷腸惜別。望柩聞聲。如喪考妣。咸謂子推割股。

未足比其苦節。弘演刳腹。詎能方其壯烈。此乃扶丹墀之信力。成阿道之本心。聖者也。遂乃葬北山之西嶺。(即金剛山也。傳云。頭飛落處。因葬其地。今不言何也。)內人哀之。卜勝地造蘭若。名曰刺楸寺。於是家家作禮。必獲世榮。人人行道。當曉法利。眞興大王即位五年甲子。造大興輪寺。(按國史與鄕傳。實法興王十四年丁未始開。二十一年乙卯大伐天鏡林。始興工。梁棟之材。皆於其林中取足。而階礎石龕皆有之。至眞興王五年甲子。寺成。故云甲子。僧傳云七年誤。)大淸之初。梁使沈湖將舍利。天壽六年。陳使劉思幷僧明觀奉內經幷次。寺寺星張。塔塔鴈行。竪法幢。懸梵鏡。龍象釋徒。爲寰中之福田。大小乘法。爲京國之慈雲。他方菩薩。出現於世。(謂芬皇之陳那、浮石寶蓋、以至洛山五臺等是也。)西域名僧。降臨於境。由是併三韓而爲邦。掩四海而爲家。故書德名於天鋇之樹。影神迹於星河之水。豈非三聖威之所致也。(謂我道、法興、猒髑也。)降有國統惠隆、法主孝圓、金相郞、大統鹿風、大書省眞怒、波珍喰金嶷等。建舊塋。樹豊碑。元和十二年丁酉八月五日。即第四十一憲德大王九年也。興輪寺永秀禪師(于時瑜伽諸德皆稱禪師)結湊斯塚禮佛之香徒。每月五日。爲魂之妙願。營壇作梵。

又鄉傳云。鄉老每當忌旦。設社會於興輪寺。則今月初五。乃舍人捐軀順法之晨也。嗚呼。無是君、無是臣。無是臣、無是功。可謂劉葛魚水、雲龍感會之美歟。法興王既舉廢、立寺。寺成。謝冕旒、披方袍。施宮戚爲寺隷。（寺隷至今稱王孫。後至太宗王時。宰輔金良圖信向佛法。有二女。曰花寶、蓮寶。捨身爲此寺婢。又以逆臣毛尺之族。沒寺爲隷。二族之裔至今不絕。）主住其寺。躬任弘化。眞興乃繼德重聖。承袞職處九五。威率百僚。號令畢備。因賜額大王興輪寺。前王姓金氏。出家法雲。字法空。（僧傳與諸說、亦以王妃出家名法雲。又眞興王爲法雲。又以爲眞興之妃名法雲。頗多疑混。）冊府元龜云。姓募。名秦。初興役之乙卯歲。王妃亦創永興寺。慕史氏之遺風。同王落彩爲尼。名妙法。亦住永興寺。有年而終。國史云。建福三十一年。永興寺塑像自壞。未幾。眞興王妃比丘尼卒。按眞興乃法興之姪子。妃思刀夫人朴氏。牟梁里英失角干之女。亦出家爲尼。而非永興寺之創主也。則恐眞字當作法。謂法興之妃巴刀夫人爲尼者之卒也。乃創寺立像之主故也。二興捨位出家。史不書。非經世之訓也。又於大通元年丁未。爲梁帝創寺於熊川州。名大通寺。熊川即公州也。時屬新羅故也。然恐非丁未也。乃中大通元年己酉歲所創也。始創興輪之丁未。未暇及於他郡立寺也。讚曰。聖智從來萬世謀。區區輿議謾秋毫。法輪解逐金輪轉。舜日方將佛日高。 右原宗。 徇義輕生已足驚。天花白乳更多情。俄然一釼身亡後。院院鐘聲動帝京。 右猒髑。

法王禁殺。

百濟第二十九主法王諱宣。或云孝順。開皇十年己未即位。是年冬。下詔禁殺生。放民家所養鷹鸇之類。焚漁獵之具。一切禁止。明年庚申。度僧三十人。創王興寺於時都泗沘城。今扶餘。始立栽而升遐。武王繼統。父基子構。曆數紀而畢成。其寺亦名彌勒寺。附山臨水。花木秀麗。四時之美具焉。王每命舟。沿河入寺。賞其形勝壯麗。與古記所載小異。武王是貧母與池龍通交而所生。小名薯蕷。即位後諡號武王。初與王妃草創也。讚曰。 詔寬翎狨千丘惠。澤洽豚魚四海仁。莫道聖君輕下世。上方兜率正芳春。

寶藏奉老。 普德移庵。

高麗本記云。麗季武德、貞觀間。國人爭奉五斗米敎。唐高祖聞之。遣道士。送天尊像。來講道德經。王與國人聽之。卽第二十七代榮留王卽位七年、武德七年甲申也。明年遣使往唐。求學佛老。唐帝（謂高祖也。）許之。及寶藏王卽位。（貞觀十六年壬寅也。）亦欲併興三敎。時寵相蓋蘇文。說王以儒釋並熾、而黃冠未盛。特使於唐求道敎。時普德和尙住盤龍寺。憫左道匹正、國祚危矣。屢諫不聽。乃以神力飛方丈。南移于完山州（今全州也）孤大山而居焉。卽永徽元年庚戌六月也。（又本傳云、乾封二年丁卯三月三日也。）未幾國滅。（以總章元年戊辰國滅。則計距庚戌十九年矣。）今景福寺有飛來方丈是也云云。（已上國史。）眞樂公留詩在堂。文烈公著傳行世。又按唐書云。先是隋煬帝征遼東。有裨將羊皿。不利於軍。將死。有誓曰。必爲寵臣滅彼國矣。及蓋氏擅朝。以蓋爲氏。乃以羊皿。是之應也。又按高麗古記云。隋煬帝以大業八年壬申領三十萬兵。渡海來征。十年甲戌十月。高麗王（時第三十六代嬰陽王立二十五年也。）上表乞降。時有一人密持小弩於懷中。隨持表使。到煬帝舡中。帝奉表讀之弩。發中帝胷。帝將旋師。謂左右曰。朕爲天下之主。親征小國而不利。萬代之所嗤。時右相羊皿奏曰。臣死爲高麗大臣。必滅國。報帝王之讎。帝崩後生於高麗。十五。聰明神武。時武陽王聞其賢。(國史榮留王名建武。或云建成。而此云武陽。未詳。)徵入爲臣。自稱姓蓋。名金。位至蘇文。乃侍中職也。(唐書云。蓋蘇文自謂莫離支。猶中書令。又按神誌秘詞序云、蘇文大英弘序幷注。則蘇文乃職名、有文證。而傳云、文人蘇英弘序。未詳孰是。)金奏曰。鼎有三足。國有三敎。臣見國中。唯有儒釋無道敎。故國危矣。王然之。奏唐請之。太宗遣叔達等道士八人。(國史云。武德八年乙酉。遣使入唐求佛老。唐帝許之。據此則羊皿自甲戌年死而託生于此。則才年十餘歲矣。而云寵宰、說王遣請。其年月必有一說。今兩存。)王喜以佛寺爲道館。尊道士坐儒士之上。道士等行鎭國內有名山川。古平壤城勢新月城也。道士等呪勑南河龍。加築爲滿月城。因名龍堰城。作讖曰。龍堰堵。且云千年寶藏堵。或鑿破靈石。(俗云都帝嵓。亦云朝天石。蓋昔聖帝騎此石朝上帝故也。)蓋金又奏築長城東北西南。時男役女耕。役至十六年乃畢。及寶藏王之世。唐太宗親統以六軍來征。又不利而還。高宗總章元年戊辰。右相劉仁軌、大將軍李勣、新羅金仁問等攻破國滅。擒王歸唐。寶藏王庶子率四千餘家投于新羅。（與國史少殊。故幷錄。）大安八年辛未。祐世僧統到孤大山景福寺飛來方丈。禮普聖師之眞」有詩云。涅槃方等敎、傳受自吾師、云云。至可惜飛房後、東明古國危。跋云。高麗藏王感於道敎。不信佛法。師乃飛房。南至此山。後有神人」現於高麗馬嶺」告人云。汝國敗亡無日矣。具如國史。餘具載本傳與僧傳。師有高弟十一人。無上和尙與弟子金趣等、創金洞寺。寂滅、義融二師創珍丘寺。智藪創大乘寺。一乘與心正、大原等創大原寺。水淨創維摩寺。四大與契育等創中臺寺。開原和尙創開原寺。明德創燕口寺。開心與普明亦有傳。皆如本傳。讚曰。　釋氏汪洋海不窮。百川儒老盡朝宗。麗王可笑封沮洳。不省滄溟徙臥龍。

東京興輪寺金堂十聖。

東壁。坐庚向。泥塑。　我道、猒髑、惠宿、安含、義湘。　西壁。坐甲向。泥塑。　表訓、虵巴、元曉、惠空、慈藏」。塔像。

迦葉佛宴坐石。

玉龍集及慈藏傳、與諸家傳紀皆云。新羅月城東、龍宮南。有迦葉佛宴坐石。其地即前佛時伽藍之墟也。今皇龍寺之地。即七伽藍之一也。按國史。眞興王即位十四、開國三年癸酉二月。築新宮於月城東。有皇龍現其地。王疑之。改爲皇龍寺。宴坐石在佛殿後面。嘗一謁焉。石之高可五六尺。來圍僅三肘。幢立而平頂。眞興創寺已來。再經災火。石有拆裂處。寺僧貼鐵爲護。乃有讚曰。惠日沈輝不記年。唯餘宴坐石依然。桑田幾度成滄海。可惜巍然尚未遷。旣而西山大兵已後。殿塔煨燼。而此石亦夷沒。而僅與地平矣。按阿含經。迦葉佛是賢劫第三尊也。人壽二萬歲時。出現於世。據此以增減法計之。每成劫初。皆壽無量歲。漸減至壽八萬歲時、爲住劫之初。自此又百年減一歲、至壽十歲時、爲一減。又增至人壽八萬歲時、爲一增。如是二十減二十增、爲一住劫。此一住刼中有千佛出世。今本師釋迦是第四尊也。

四尊皆現於第九減中。自釋尊百歲壽時。至迦葉佛二萬歲時。已得二百萬餘歲。若至賢刼初第一尊拘留孫佛時。又幾萬歲也。自拘留孫佛時。上至刼初無量歲壽時。又幾何也。自釋尊下。至于今至元十八年辛巳歲。已得二千二百三十矣。自拘留孫佛。歷迦葉佛時。至于今。則直幾萬歲也。有本朝名士吳世文。作歷代歌。從大金貞祐七年己卯。逆數至四萬九千六百餘歲。爲盤古開闢戊寅。又延禧宮祿事金希寧所撰大一歷法。自開闢上元甲子。至元豊甲子。一百九十三萬七千六百四十一歲。又纂古圖云。開闢至獲麟。二百七十六萬歲。按諸經。且以迦葉佛時至于今。爲此石之壽。尚距於刼初開闢時爲兒子矣。三家之說尚不及玆兒石之年。其於開闢之說。踈之遠矣。

遼東城育王塔。

三寶感通錄載。高麗遼東城傍塔者。古老傳云。昔高麗聖王按行國界次。至此城。見五色雲覆地。往尋雲中。有僧執錫而立。旣至便滅。遠看還現。傍有土塔。三重上如覆釜。不知是何。更往覓僧。唯有荒草。掘尋一丈。得杖幷履。又掘得銘。上有梵書。侍臣識之云。是佛塔。王委曲問詰。答曰。漢國有之。彼名蒲圖王。(本作休屠王祭天金人。)因生信。起木塔七重。後佛法始至。具知始末。今更損高。本塔朽壞。育王所統一閻浮提洲。處處立塔。不足可恠。又唐龍朔中有事遼左。行軍薛仁貴行至隋主討遼古地。乃見山像空曠蕭條。絕於行。往問古老。云是先代所現。便圖寫來京師。(具在若函。)按西漢與三國地理志。遼東城在鴨綠之外。屬漢幽州。高麗聖王未知何君。或云東明聖帝。疑非也。東明以前漢元帝建昭二年即位。成帝鴻嘉壬寅升遐。于時漢亦未見貝葉。何得海外陪臣已能識梵書乎。然稱佛爲蒲圖王。似在西漢之時。西域文字或有識之者。故云梵書爾。按古傳。育王命鬼徒。每於九億人居地。立一塔。如是起八萬四千於閻浮界內。藏於巨石中。今處處有現瑞非一。蓋眞身舍利。感應難思矣。讚曰。

育王寶塔遍塵寰。雨濕雲埋蘚纈班。想

像當年行路眼。幾人指點祭神墦。

金官城婆娑石塔。

金官虎溪寺婆娑石塔者。昔此邑爲金官國時。世祖首露王之妃許皇后名黃玉。以東漢建武二十四年甲申。自西域阿踰陁國所載來。初公主承二親之命。泛海將指東。阻波神之怒。不克而還。白父王。父王命載茲塔。乃獲利涉。來泊南涯。有緋帆茜旗珠玉之美。今云主浦。初解綾袴於岡上處。曰綾峴。茜旗初入海涯。曰旗出邊。首露王聘迎之。同御國一百五十餘年。然于時海東未有創寺奉法之事。蓋像敎未至。而土人不信伏。故本記無創寺之文。逮第八代銍知王二年壬辰。置寺於其地。又創王后寺。在阿道訥祇王之世。法興王之前。至今奉福焉。兼以鎭南倭。具見本國本記。塔方四面五層。其彫鏤甚奇。石微赤班色。其質良脆。非此方類也。本草所云點鷄冠血爲驗者是也。金官國亦名駕洛國。具載本記。讚曰。

載厭緋帆茜旆輕。乞靈遮莫海濤驚。豈徒到岸扶黃玉。千古南倭遏怒鯨。

高麗靈塔寺。

僧傳云。釋普德、字智法。前高麗龍岡縣人也。詳見下本傳。常居平壤城。有山方老僧來請講經。師固辭。不免。赴講涅槃經四十餘卷。罷席至城西大寶山嵓穴下禪觀。有神人來請。宜住此地。乃置錫杖於前。指其地曰。此下有八面七級石塔。掘之果然。因立精舍。曰靈塔寺。以居之。

皇龍寺丈六。

新羅第二十四眞興王即位十四年癸酉二月。將築紫宮於龍宮南。有黃龍現其地。乃改置爲佛寺。號黃龍寺。至己丑年、周圍墻宇、至十七年、方畢。未幾、海南有一巨舫。來泊於河曲縣之絲浦。今蔚州谷浦也。撿看有牒文云。西竺阿育王。聚黃鐵五萬七千斤、黃金三萬分。別傳云。鐵四十萬七千斤。金一千兩。恐誤。或云三萬七千斤。將鑄釋迦三尊像。未就。載舡泛海而祝曰。願到有緣國土。成丈六尊容。并載摸樣一佛二菩薩像。縣吏具狀上聞。勅使卜其縣之城東爽塏之地。創東竺寺。邀安其三尊。輸其金鐵於京師。以大建六年甲午三月。（寺中記云。癸巳十月十七日。）鑄成丈六尊像。一皷而就。重三萬五千七斤。入黃金一萬一百九十八分。二菩薩入鐵一萬二千斤。黃金一萬一百三十六分。安於皇龍寺。明年像淚流至踵。沃地一尺。大王升遐之兆。或云。像成在眞平之世者。謬也。別本云。阿育王在西竺大香華國。生佛後一百年間。恨不得供養眞身。歛化金鐵若干斤。三度鑄成無功。時王之太子獨不預斯事。王使詰之。太子奏云。獨力非功。曾知不就。王然之。乃載舡泛海。南閻浮提十六大國、五百中國、十千小國、八萬聚落。靡不周旋。皆鑄不成。最後到新羅國。眞興王鑄之於文仍林。像成。相好畢備。阿育此飜無憂。後大德慈藏西學到五臺山。感文殊現身授訣。仍囑云。汝國皇龍寺。乃釋迦與迦葉佛講演之地。宴坐石猶在。故天竺無憂王。聚黃鐵若干斤泛海。歷一千三百餘年。然後乃到而國、成。安其寺。蓋威緣使然也。(與別記所載存同。)像成後。東竺寺三尊亦移安寺中。寺記云。眞平六年甲辰。金堂造成。善德王代。寺初主眞骨歡喜師。第二主慈藏國統。次國統惠訓。次廂律師云。今兵火已來。大像與二菩薩皆融沒。而小釋迦猶存焉。讃曰。　塵方何處匪眞鄉。香火因緣最我邦。不是育王難下手。月城來訪舊行藏。

皇龍寺九層塔。

新羅第二十七善德王即位五年、貞觀十年丙申。慈藏法師西學。乃於五臺感文殊授法。(詳見本傳。)文殊又云。汝國王是天竺刹利種王。預受佛記。故別有因緣。不同東夷共工之族。然以山川崎嶮故。人性麤悖。多信邪見。而時或天神降禍。然有多聞比丘在於國中。是以君臣安泰。萬庶和平矣。言已不現。藏知是大聖變化。泣血而退。經由中國大和池邊。忽有神人出問。胡爲至此。藏答曰。求菩提故。神人禮拜。又問。汝國有何留難。藏曰我國北連靺鞨。南接倭人。麗濟二國迭犯封陲。

隣寇縱橫。是爲民梗。神人云。今汝國以女爲王。有德而無威。故隣國謀之。宜速歸本國。藏問。歸鄕將何爲利益乎。神曰。皇龍寺護法龍、是吾長子。受梵王之命。來護是寺。歸本國、成九層塔於寺中。隣國降伏。九韓來貢。王祚永安矣。建塔之後。設八關會。赦罪人。則外賊不能爲害。更爲我於京畿南岸、置一精廬。共資予福。予亦報之德矣。言已、遂奉玉而獻之。忽隱不現。(寺中記云。於終南山圓香禪師處。受建塔因由。)貞觀十七年癸卯十六日。將唐帝所賜經像袈裟幣帛而還國。以建塔之事聞於上。善德王議於群臣。群臣曰。請工匠於百濟、然後方可。乃以寶帛請於百濟。匠名阿非知。受命而來。經營木石。伊干龍春(一云龍樹。)幹蠱。率小匠二百人。初立刹柱之日。匠夢本國百濟滅亡之狀。匠乃心疑停手。忽大地震動。晦冥之中。有一老僧一壯士。自金殿門出。乃立其柱。僧與壯士皆隱不現。匠於是改悔。畢成其塔。刹柱記云。鐵盤已上高四十二尺。已下一百八十三尺。慈藏以五臺所授舍利百粒。分安於柱中、幷通度寺戒壇、及大和寺塔、以副池龍之請。大和寺在阿曲縣南。今蔚州。亦藏師所創也。樹塔之後。天地開泰。三韓爲一。豈非塔之靈蔭乎。後高麗王將謀伐羅。乃曰。新羅有三寶。不可犯也。何謂也。皇龍丈六、幷九層塔、與眞平王天賜玉帶。遂寢其謀。周有九鼎。楚人不敢北窺。此之類也。讚曰。

鬼拱神扶壓帝京。輝煌金碧動飛甍。登臨何啻九韓伏。始覺乾坤特地平。

又海東名賢安弘撰東都成立記云。新羅第二十七代女王爲主。雖有道無威。九韓侵勞。若龍宮南皇龍寺建九層塔。則隣國之災可鎭。第一層、日本。第二層、中華。第三層、吳越。第四層、托羅。第五層、鷹遊。第六層、靺鞨。第七層、丹國。第八層、女狄。第九層、穢貊。又按國史及寺中古記。眞興王癸酉創寺後。善德王代貞觀十九年乙巳。塔初成。三十二孝昭王即位七年。聖曆元年戊戌六月。霹靂。寺中古記云聖德王代。誤也。聖德王代無戊戌。第三十三聖德王代庚申歲。重成。四十八景文王代戊子六月。第二霹靂。同代第三重修。至本朝光宗即位五年癸丑十月。第三霹靂。現宗十三年辛酉。第四重成。又靖宗二年乙亥。第四霹靂。又文宗甲辰年。第五重成。又憲宗末年乙亥。第五霹靂。肅宗丙子。第六重成。又高宗十六年戊戌冬月。西山兵火。塔寺丈六殿宇皆災。

皇龍寺鐘。　芬皇寺藥師。　奉德寺鐘。

新羅第三十五、景德大王。以天寶十三甲午。鑄皇龍寺鍾。長一丈三寸、厚九寸。入重四十九萬七千五百八十一斤。施主孝貞伊王三毛夫人。匠人里上宅下典。肅宗朝。重成新鐘。長六尺八寸。又明年乙未。鑄芬皇藥師銅像。重三十萬六千七百斤。匠人本彼部强古乃末。又捨黃銅一十二萬斤。爲先考聖德王。欲鑄巨鐘一口。未就而崩。其子惠恭大王乾運。以大曆庚戌十二月。命有司鳩工徒。乃克成之。安於奉德寺。寺乃孝成王開元二十六年戊寅、爲先考聖德大王奉福所創也。故鍾銘曰。聖德大王神鍾之銘。（聖德乃景德之考、典光大王也。鍾本景德爲先考所施之金。故稱云聖德鍾爾。）朝散大夫前太子司議郎翰林郎金弼粤奉敎撰。鍾銘文煩。不錄。

靈妙寺丈六。

善德王創寺塑像因緣、具載良志法師傳。景德王即位二十三年。丈六改金。租二萬三千七百碩。良志傳作像之初成之費。今兩存之。

四佛山。 掘佛山。 萬佛山。

竹嶺東百許里。有山屹然高峙。眞平王九年甲申。忽有一大石。四面方丈。彫四方如來。皆以紅紗護之。自天墜其山頂。王聞之命駕瞻敬。遂創寺嵓側。額曰大乘寺。請比丘亡名誦蓮經者主寺。洒掃供石。香火不廢。號曰亦德山。或曰四佛山。比丘卒既葬。塚上生蓮。 又景德王遊幸栢栗寺。至山下聞地中有唱佛聲。令掘之。得大石。四面刻四方佛。因創寺。以掘佛爲號。今訛云掘石。 王又聞唐代宗皇帝優崇釋氏。命工作五色氍毹。又彫沈檀木與明珠美玉爲假山。高丈餘。置氍毹之上。山有巉嵓恠石澗穴。區隔每一區內。有歌舞伎樂列國山川之狀。微風入戶。蜂蝶翶翔。鷰雀飛舞。隱約視之。莫辨眞假。中安萬佛。大者逾方寸。小者八九分。其頭或巨黍者、或半菽者。螺髻白毛。眉目的皪。相好悉備。只可髣髴。莫得而詳。因號萬佛山。更鏤金玉爲流蘇幡蓋菴羅薝蔔花果莊嚴。百步樓閣。臺殿堂榭。都大雖微。勢皆活動。前有旋遶比丘像千餘軀。下列紫金鍾三簴。皆有閣有蒲牢。鯨魚爲撞。有風而鍾鳴。則旋遶僧皆仆拜、頭至地。隱隱有梵音。盖關捩在乎鍾也。雖號萬佛。其實不可勝記。既成。遣使獻之。代宗見之。嘆曰。新羅之巧天造、非巧也。乃以九光扇。加置嵒岫間。因謂之佛光。四月八日。詔兩街僧徒。於內道場禮萬佛山。命三藏不空。念讚密部眞詮千遍。以慶之。觀者皆嘆伏其巧。讚曰。　天粧滿月四方裁。地湧明毫一夜開。妙手更煩彫萬佛。眞風要使遍三才。

生義寺石彌勒。

善德王時。釋生義常住道中寺。夢有僧引上南山而行。令結草爲標。至山之南洞。謂曰。我埋此處。請師出安嶺上。既覺。與友人尋所標。至其洞掘地。有石彌勒出。置於三花嶺上。善德王十三年甲辰歲。創寺而居。後名生義寺。今訛言性義寺。忠談師每歲重三重九烹茶獻供者。是此尊也。

興輪寺壁畫普賢。

第五十四景明王時。興輪寺南門、及左右廊廡災焚。未修。靖和、弘繼二僧募緣將修。貞明七年辛巳五月十五日。帝釋降于寺之左經樓。留旬日。殿塔及草樹土石皆發異香。五雲覆寺。南池魚龍喜躍跳擲。國人聚觀。嘆未曾有。玉帛粱稻施積丘山。工匠自來。不日成之。工既畢。天帝將還。二僧白曰。天若欲還宮。請圖寫聖容。至誠供養。以報天恩。亦乃因玆留影。永鎮下方焉。帝曰。我之願力。不如彼普賢菩薩、遍垂玄化。畫此菩薩像。虔設供養而不廢宜矣。二僧奉敎。敬畫普賢菩薩於壁間。至今猶存其像。

三所觀音。　衆生寺。

新羅古傳云。中華天子有寵姬。美艶無雙。謂古今圖畫尠有如此者。

乃命善畫者寫眞。畫工傳失其名。或云張僧繇。則是吳人也。梁天監中。爲武陵王國侍郎直秘閣知畫事。歷右將軍吳興太守。則乃中國梁陳間之天子也。而傳云唐帝者。海東人凡諸中國爲唐爾。其實未詳何代帝王。兩存之。其人奉勅圖成。誤落筆汚赤。毀於臍下。欲改之而不能。心疑赤誌必自天生。功畢獻之。帝目之曰。形則逼眞矣。其臍下之誌乃所內秘。何得知之并寫。帝乃震怒。下圓扉將加刑。丞相奏云。所謂伊人其心且直。願赦宥之。帝曰。彼旣賢直。朕昨夢之像。畫進不差則宥之。其人乃畫十一面觀音像呈之。協於所夢。帝於是意解赦之。其人旣免。乃與博士芬節約曰。吾聞新羅國敬信佛法。與子乘桴于海。適彼同修佛事。廣益仁邦。不亦益乎。遂相與到新羅國。因成此寺大悲像。國人瞻仰。禳禱獲福。不可勝記。羅季天成中。正甫崔殷諴久無胤息。詣玆寺大慈前祈禱。有娠而生男。未盈三朔。百濟甄萱襲犯京師。城中大潰。殷諴抱兒來告曰。隣兵奄至。事急矣。赤子累重。不能俱免。若誠大聖之所賜。願借大慈之力覆養之。令我父子再得相見。涕泣悲惋。三泣而三告之。裹以襁褓。藏諸猊座下。眷眷而去。

經半月冠退。來尋之。肌膚如新浴。貌體嬛好。乳香尙痕於口。抱持歸養。及壯聰惠過人。是爲丞魯。位至正匡。丞魯生郎中崔肅。肅生郎中齊顔焉。自此繼嗣不絕。殷誠隨敬順王入本朝爲大姓。又統和十年三月。主寺釋性泰跪於菩薩前。自言弟子久住玆寺。精勤香火。晝夜匪懈。然以寺無田出。香祀無繼。將移他所。故來辭爾。是日假寐。夢大聖謂曰、師且住無遠離、我以緣化充齋費。僧忻然感寤。遂留不行。後十三日。忽有二人。馬載牛駄到於門前。寺僧出問。何所而來。曰我等是金州界人。向有一比丘到我云。我住東京衆生寺久矣。欲以四事之難緣化到此。是以斂施隣閭。得米六碩鹽四碩。負載而來。僧曰。此寺無人緣化者。爾輩恐聞之誤。其人曰。向之比丘率我輩而來。到此神見井邊曰。距寺不遠。我先往待之。我輩隨逐而來。寺僧引入法堂前。其人瞻禮大聖。相謂曰。此緣化比丘之像也。驚嘆不已。故所納米鹽追年不廢。又一夕寺門有火災。閭里奔救。升堂見像。不知所在。視之已立在庭中矣。問其出者誰。皆曰不知。乃知大聖靈威也。又大定十三年癸巳間。有僧占崇。得住茲寺。不解文字。性本純粹。精勤火香。有一僧欲奪其居。訴於襯衣天使曰。茲寺所以國家祈恩奉福之所。宜選會讀文疏者主之。天使然之。欲試其人。乃倒授疏文。占崇應手披讀如流。天使服膺。退坐房中。俾之再讀。崇鉗口無言。天使曰。上人良由大聖之所護也。終不奪之。當時與崇同住者。處士金仁夫傳諸鄉老。筆之于傳。

栢栗寺。

雞林之北岳曰金剛嶺。山之陽有栢栗寺。寺有大悲之像一軀。不知作始。而靈異頗著。或云。是中國之神匠。塑衆生寺像時并造也。諺云。此大聖曾上忉利天。還來入法堂時。所履石上脚迹至今不刓。或云。救夫禮郎還來時之所視迹也。天授三年壬辰九月七日。孝昭王奉大玄薩喰之子夫禮郎為國仙。珠履千徒。親安常尤甚。天授四年長壽二年癸巳暮春之月。領徒遊金蘭。到北溟之境。被狄賊所掠而去。門客皆失措而還。獨安常追迹之。是三月十一日也。大王聞之。驚駭不勝。曰。先君得神笛傳于朕躬。今與玄琴藏在內庫。因何國仙忽爲賊俘。爲之奈何。(琴笛事具載別傳。)時有瑞雲覆天尊庫。王又震懼使檢之。庫內失琴笛二寶。乃曰。朕何不予。昨失國仙。又亡琴笛。乃囚司庫吏金貞高等五人。四月。募於國曰。得琴笛者、賞之一歲租。五月十五日。郞二親就栢栗寺大悲像前禋祈累夕。忽香卓上得琴笛二寶。而郞常二人來到於像後。二親顚喜。問其所由來。郞曰。予自被掠爲彼國大都仇羅家之牧子。放牧於大烏羅尼野。(一本作都仇家奴。牧於大磨之野。)忽有一僧。容儀端正。手携琴笛來慰曰。憶桑梓乎。予不覺跪于前曰。眷戀君親。何論其極。僧曰。然則宜從我來。遂率至海壖。又與安常會。乃批笛爲兩分、與二人。各乘一隻。自乘其琴。泛泛歸來。俄然至此矣。於是具事馳聞。王大驚使迎。郞隨琴笛入內。施鑄金銀五器二副各重五十兩、摩衲袈裟五領、大綃三千疋、田一萬頃納於寺。用答慈庥焉。大赦國內。賜人爵三級。復民租三年。主寺僧移住奉聖。封郞爲大角干。(羅之冢宰爵名。)父大玄阿喰爲大大角干。母龍寶夫人爲沙梁部鏡井宮主。安常師爲大統。司庫五人皆免。賜爵各五級。六月十二日。有彗星孛于東方。十七日。又孛于西方。日官奏曰。不封爵於琴笛之瑞。於是册號神笛爲萬萬波波息。彗乃滅。後多靈異。文煩不載。世謂安常爲俊永郞徒。不之審也。永郞之徒。唯眞才、繁完等知名。皆亦不測人也。(詳見別傳。)

敏藏寺。

禺金里貧女寶開、有子名長春。從海賈而征。久無音耗。其母就敏藏寺(寺乃敏藏角干捨家爲寺。)觀音前克祈七日。而長春忽至。問其由緒。曰海中風飇船壞。同侶皆不免。予乘隻板歸泊吳涯。吳人收之俾耕于野。有異僧如鄉里來。弔慰勤勤。率我同行。前有深渠。僧掖我跳之。昏昏閒如聞鄉音與哭泣之聲。見之乃已屆此矣。日晡時離吳。至此纔戌初。即天寶四年乙酉四月八日也。景德王聞之。施田於寺。又納財幣焉。

前後所將舍利。

國史云。眞興王大淸三年己巳。梁使沈湖送舍利若干粒。善德王代貞觀十七年癸卯。慈藏法師所將佛頭骨、佛牙、佛舍利百粒、佛所著緋羅金點袈裟一領。其舍利分爲三。一分在皇龍塔。一分在大和塔。一分幷袈裟在通度寺戒壇。其餘未詳所在。壇有二級。上級之中安石蓋如覆鑊。諺云。昔在本朝。相次有二廉使。禮壇擧石鑊而敬之。前感脩蟒在函中。後見巨蟾蹲石腹。自此不敢擧之。近有上將軍金公利生、庾侍郞碩。以高廟朝受旨指揮江東。仗節到寺。擬欲擧石瞻禮。寺僧以往事難之。二公令軍士固擧之。內有小石函。函襲之中貯以瑠璃筒。筒中舍利只四粒。傳示瞻敬。筒有小傷裂處。於是庾公適蓄一水精函子。遂奉施兼藏焉。識之以記。移御江都四年乙未歲也。古記稱、百枚分藏三處。今唯四爾。既隱現隨人。多小不足恠也。又諺云。

其皇龍寺塔災之日。石鑊之東面始有大斑。至今猶然。即大遼應曆三年癸丑歲也。本朝光廟五載也。塔之第三災也。曹溪無衣子留詩云。聞道皇龍災塔日。連燒一面示無間。是也。自至元甲子已來。大朝使佐、本國皇華。爭來瞻禮。四方雲水。輻湊來參。或舉、不舉。眞身四枚外。變身舍利。碎如砂礫。現於鑊外。而異香郁烈。彌日不歇者。比比有之。此末季一方之奇事也。唐大中五年辛未。入朝使元弘所將佛牙。（今未詳所在。新羅文聖王代。）後唐同光元年癸未、本朝太祖即位六年。入朝使尹質所將五百羅漢像。今在北崇山神光寺。大宋宣和元年己卯。（睿廟十五年。）入貢使鄭克永、李之美等所將佛牙。今內殿置奉者是也。相傳云。昔義湘法師入唐。到終南山至相寺智儼尊者處。隣有宣律師。常受天供。每齋時天厨送食。一日律師請湘公齋。湘至坐定既久。天供過時不至。湘乃空鉢而歸。天使乃至。律師問今日何故遲。天使曰。滿洞有神兵。遮擁。不能得入。於是律師知湘公有神衛。乃服其道勝。仍留其供具。

翌日又邀儼湘二師齋。具陳其由。湘公從容謂宣曰。師既被天帝所敬。甞聞帝釋宮有佛四十齒之一牙。爲我等輩請下人間。爲福如何。律師後與天使傳其意於上帝。帝限七日送與。湘公致敬訖。邀安大內。後至大宋徽宗朝。崇奉左道。時國人傳圖讖曰。金人敗國。黃巾之徒諷日官。奏曰。金人者佛敎之謂也。將不利於國家。議將破滅釋氏、坑諸沙門、焚燒經典。而別造小舡、載佛牙泛於大海。任隨緣流泊。于時適有本朝使者至宋。聞其事。以天花茸五十領、紵布三百疋。行賂於押舡內史。密授佛牙。但流空舡。使臣等既得佛牙來奏。於是睿宗大喜。奉安于十員殿左掖小殿。常鑰匙殿門。施香燈于外。每親幸日。開殿瞻敬。至壬辰歲移御次。內官忩遽中。忘不收撿。至丙申四月。御願堂神孝寺釋藴光請致敬佛牙。聞于上。勑令內臣遍撿宮中。無得也。時栢臺侍御史崔冲命薛伸。急徵于諸謁者房。皆未知所措。內臣金承老奏曰。壬辰年移御時紫門日記推看。從之。記云。入內侍大府卿李白全受佛牙函云。召李詰之。對曰。請歸家更尋私記。到家撿看。得左番謁者金瑞龍佛牙函准受記來呈。召問瑞龍。無辭以對。又以金承老所奏云。壬辰至今丙申、五年間。御佛堂及景靈殿上守等囚禁問當。依違未決。隔三日。夜中、瑞龍家園墻裏、有投擲物聲。以火撿看。乃佛牙函也。函本內一重沉香合、次重純金合、次外重白銀函、次外重瑠璃函、次外重螺鈿函。各幅子如之。今但瑠璃函爾。喜得之。入達于內。有司議。金瑞龍及兩殿上守皆誅。晋陽府奏云。因佛事不合多傷人。皆免之。更勑。十員殿中庭。特造佛牙殿安之。令將士守之。擇吉日。請神孝寺上房藴光。領徒三十人。入內設齋敬之。其日入直承宣崔弘、上將軍崔公衍、李令長、內侍、茶房等。侍立于殿庭。依次頂戴敬之。佛牙區穴間。舍利不知數。晋陽府以白銀合貯而安之。時主上謂臣下曰。朕自亡佛牙已來。自生四疑。一疑、天宮七日限滿而上天矣。二疑、國亂如此。牙既神物。且移有緣無事之邦矣。三疑、貪財小人。

盜取函幅。弃之溝壑矣。四疑。盜取珍利。而無計自露。匿藏家中矣。今第四疑當之矣。乃放聲大哭。滿庭皆洒涕。獻壽至有煉頂燒臂者不可勝計。得此實錄於當時內殿焚修前祇林寺大禪師覺猷、言親所眼見、使予錄之。又至庚午出都之亂。顚沛之甚過於壬辰。十員殿監主禪師心鑑、亡身佩持。獲免於賊難、達於大內。大賞其功。移授名刹。今住氷山寺。是亦親聞於彼。眞興王代天嘉六年乙酉。陳使劉思與釋明觀。載送佛經論一千七百餘卷。貞觀十七年。慈藏法師載三藏四百餘函來。安于通度寺。興德王代大和元年丁未。入學僧高麗釋丘德、賫佛經若干函來。王與諸寺僧徒、出迎于興輪寺前路。大中五年。入朝使元弘賫佛經若干軸來。羅末。普耀禪師再至吳越。載大藏經來。即海龍王寺開山祖也。大宋元祐甲戌。有人眞讚云。偉哉初祖。巍乎眞容。再至吳越。大藏成功。賜衔普耀。鳳詔四封。若問其德。白月清風。又大定中。漢南管記彭祖逖留詩云。水雲蘭若住空王。況是神龍穩一場。畢竟名藍誰得似。初傳像敎自南方。有跋云。昔普耀禪師始求大藏於南越。洎旋返次。海風忽起。扁舟出沒於波間。師即言曰。意者神龍欲留經耶。遂呪願乃誠、兼奉龍歸焉。於是風靜波息。既得還國。遍賞山川。求可以安邀處。至此山忽見瑞雲起於山上。乃與高弟弘慶、經營蓮社。然則像敎之東漸、實始乎此。漢南管記彭祖逖、題。寺有龍王堂。頗多靈異。乃當時隨經而來止者也。至今猶存。又天成三年戊子。默和尙入唐。亦載大藏經來。本朝睿廟時。慧照國師奉詔西學。市遼本大藏三部而來。一本今在定惠寺。（海印寺有一本。許參政宅有一本。）大安二年。本朝宣宗代。祐世僧統義天入宋。多將天台敎觀而來。此外方冊所不載。高僧信士。往來所賫。不可詳記。大敎東漸。洋洋乎慶矣哉。讃曰。

華月夷風尙隔烟。鹿園鶴樹二千年。流傳海外眞堪賀。東震西乾共一天。

按此錄。義湘傳云。永徽初。入唐謁智儼。然據浮石本碑。湘武德八年生。卄歲出家。永徽元年庚戌。與元曉同伴欲西入。至高麗。有難而廻。至龍朔元年辛酉。入唐。就學於智儼。總章元年。儼遷化。咸亨二年。湘來還新羅。長安二年壬寅。示滅。年七十八。則疑、與儼公齋於宣律師處、請天宮佛牙。在辛酉至戊辰七八年間也。本朝高廟入江都壬辰年、疑天宮七日限滿者、誤矣。忉利天一日夜、當人間一百歲。且從湘公初入唐辛酉。計至高廟壬辰。六百九十三歲也。至庚子年。始滿七百年、而七日限已滿矣。至出都至元七年庚午。則七百三十年。若如天言、而七日後還天宮。則禪師心鑑出都時。佩持出獻者。恐非眞佛牙也。於是年春出都前。於大內集諸宗名德。乞佛牙舍利。精勤雖切、而不得一枚。則七日限滿、上天者幾矣。二十一年甲申。修補國淸寺金塔。國主與莊穆王后幸妙覺寺。集衆慶讃訖。右佛牙、與洛山水精念珠、如意珠。君臣與大衆皆瞻奉頂戴。後幷納金塔內。予亦預斯會。而親見所謂佛牙者。長三寸許。而無舍利焉。無極記。

彌勒仙花。末尸郎。眞慈師。

第二十四眞興王。姓金氏。名彡麥宗。一作深麥宗。以梁大同六年庚申即位。慕伯父法興之志。一心奉佛。廣興佛寺。度人爲僧尼。又天性風味多尙神仙。擇人家娘子美艷者。捧爲原花。要聚徒選士。敎之以孝悌忠信。亦理國之大要也。乃取南毛娘、峧貞娘兩花。聚徒三四百人。峧貞者嫉妬毛娘。多置酒飮毛娘。至醉潜舁去北川中。擧石埋殺之。其徒罔知去處。悲泣而散。有人知其謀者。作歌誘街巷小童唱於街。其徒聞之。尋得其尸於北川中。乃殺峧貞娘。於是大王下令廢原花。累年。王又念欲興邦國。須先風月道。更下令、選良家男子有德行者。改爲花娘。始奉薛原郎爲國仙。此花郎國仙之始。故竪碑於溟州。自此使人悛惡更善。上敬下順。五常六藝。三師六正。廣行於代。（國史。眞智王大建八年庚申始奉花郎。恐史傳乃誤。）及眞智王代。有興輪寺僧眞慈。（一作貞慈也。）每就堂主彌勒像前。發原誓言。願我大聖化作花郎。出現於世。我常親近晬容。奉以周旋。其誠懇至禱之情。日益彌篤。一夕夢有僧謂曰。汝往熊川（今公州）水源寺。得見彌勒仙花也。慈覺而驚喜。尋其寺行十日程。一步一禮。及到其寺。門外有一郞。濃纖不爽。盼倩而迎。引入小門。邀致賓軒。慈且升且揖曰。郞君素昧平昔。何見待殷勤如此。郞曰。我亦京師人也。見師高蹈遠屆。勞來之爾。俄而出門。不知所在。慈謂偶爾。不甚異之。但與寺僧叙曩昔之夢與來之之意。且曰。暫寓下榻。欲待彌勒仙花何如。寺僧欺其情蕩然。而見其懃恪。乃曰。此去南隣有千山。自古賢哲寓止。多有冥感。盍歸彼居。慈從之。至於山下。山靈變老人出迎曰。到此奚爲。答曰。願見彌勒仙花爾。老人曰。向於水源寺之門外。已見彌勒仙花。更來何求。慈聞即驚汗。驟還本寺。居月餘。眞智王聞之。徵詔問其由。曰。郞既自稱京師人。聖不虛言。盍覔城中乎。慈奉宸旨會徒衆。遍於閭閻間、物色求之。有一小郞子。斷紅齊具。眉彩秀麗。靈妙寺之東北路傍樹下、婆娑而遊。慈迓之驚曰。此彌勒仙花也。乃就而問曰。郎家何在。願聞芳氏。郎答曰。我名未尸。兒孩時爺孃俱沒。未知何姓。於是肩輿而入見於王。王敬愛之。奉爲國仙。其和睦子弟。禮義風敎。不類於常。風流耀世。幾七年。忽亡所在。慈哀懷殆甚。然飲沐慈澤。昵承淸化。能自悔改。精修爲道。晚年亦不知所終。說者曰。未與彌聲相近。尸與力形相類。乃託其近似而相謎也。大聖不獨感慈之誠歟也。抑有緣于玆土。故比比示現焉。至今國人稱神仙曰彌勒仙花。凡有媒係於人者曰未尸。皆慈氏之遺風也。路傍樹至今名見郎。又俚言似如樹。一作印如樹。讚曰。

尋芳一步一瞻風。到處栽培一樣功。驀地春歸無覓處。誰知頃刻上林紅。

南白月二聖。　努肹夫得。　怛怛朴朴。

白月山兩聖成道記云。白月山在新羅仇史郡之北。古之屈自郡。今義安郡。峰巒奇秀。延袤數百里。眞巨鎭也。古老相傳云。昔唐皇帝嘗鑿一池。每月望前。月色滉朗中。有一山嵒石。如師子隱映花間之影。現於池中。上命畫工圖其狀。遣使搜訪天下。至海東。見此山有大師子嵓。山之西南二步許。有三山。其名花山。(其山一體三首。故云三山。)與圖相近。然未知眞僞。以隻履懸於師子嵓之頂。使還奏聞。履影亦現池。帝乃異之。賜名曰白月山。(望前白月影現。故以名之。)然後池中無影。山之東南三千步許有仙川村。村有二人。其一曰努肹夫得。(一作等。)父名月藏。母味勝。其一曰怛怛朴朴。父名修梵。母名梵摩。(鄕傳云雉山村。誤矣。二士之名方言。二家各以二士心行騰騰苦節二義名之爾。)皆風骨不凡。有域外遐想。而相與友善。年皆弱冠。往依村之東北嶺外法積房。剃髮爲僧。未幾聞西南雉山村法宗谷僧道村有古寺、可以栖眞。同往大佛田小佛田二洞各居焉。夫得寓懷眞庵。一云壤寺。(今懷眞洞有古寺基是也。)朴朴居瑠璃光寺。(今梨山上有寺基是也。)皆挈妻子而居。經營産業。交相來往。棲神安養。方外之志、未常暫廢。觀身世無常。因相謂曰。腴田美歲良利也。不如衣食之應念而至、自然得飽煖也。婦女屋宅情好也。不如蓮池花藏千聖、共遊鸚鵡孔雀、以相娛也。況學佛當成佛。修眞必得眞。今我等旣落彩爲僧。當脫略纏結、成無上道。豈宜汨沒風塵、與俗輩無異也。遂唾謝人間世。將隱於深谷。夜夢白毫光自西而至。光中垂金色臂。摩二人頂。及覺說夢。與之符同。皆感嘆久之。遂入白月山無等谷。(今南藪洞也。)朴朴師占北嶺師子嵒。作板屋八尺房而居。故云板房。夫得師占東嶺磊石下有水處。亦成方丈而居焉。故云磊房。(鄉傳云。夫得處山北□□洞。今□房。朴朴居山南法積洞磊房。與此相反。以今驗之。鄉傳誤矣。)各庵而居。夫得勤求彌勒。朴朴禮念彌陁。未盈三載。景龍三年己酉四月八日。聖德王即位八年也。日將夕。有一娘子年幾二十。姿儀殊妙。氣襲蘭麝。俄然到北庵。(鄉傳云南庵。)請寄宿焉。因投詞曰。行遲日落千山暮。路隔城遙絕四隣。今日欲投庵下宿。慈悲和尚莫生嗔。朴朴曰。蘭若護淨爲務。非爾所取近。行矣、無滯此處。閉門而入。(記云。我百念灰。今無以血囊見試。)娘歸南庵。(傳曰北庵。)又請如前。夫得曰。汝從何處犯夜而來。娘答曰。湛然與大虛同體。何有往來。但聞賢士志願深重、德行高堅。將欲助成菩提。因投一偈曰。日暮千山路。行行絕四隣。竹松陰轉邃。溪洞響猶新。乞宿非迷路。尊師欲指津。願惟從我請。且莫問何人。師聞之驚駭謂曰。此地非婦女相汚。然隨順衆生。亦菩薩行之一也。況窮谷夜暗。其可忽視歟。乃迎揖庵中而置之。至夜淸心礪操。微燈半壁。誦念厭厭。及夜將艾。娘呼曰。予不幸適有產憂。乞和尙排備苫草。夫得悲矜莫逆。燭火殷勤。娘既產。又請浴。弩肹慚懼交心。然哀憫之情有加無已。又備盆槽。坐娘於中。薪湯以浴之。既而槽中之水香氣郁烈。變成金液。弩肹大駭。娘曰。吾師亦宜浴此。肹勉强從之。忽覺精神爽涼。肌膚金色。視其傍忽生一蓮臺。娘勸之坐。因謂曰。我是觀音菩薩。來助大師。成大菩提矣。言訖不現。朴朴謂肹今夜必染戒。將歸听之。既至。見肹坐蓮臺。作彌勒尊像放光明。身彩檀金。不覺扣頭而禮曰。何得至於此乎。肹具叙其由。朴朴嘆曰。我乃障重。幸逢大聖而反不遇。大德至仁。先吾著鞭。願無忘昔日之契。事須同攝。肹曰。槽有餘液。但可浴之。朴朴又浴。亦如前成無量壽。二尊相對儼然。山下村民聞之。

競來瞻仰。嘆曰。希有、希有。二聖爲說法要。全身躡雲而逝。天寶十四年乙未。新羅景德王即位。(古記云。天鑑二十四年乙未法興即位。何先後倒錯之甚如此。)聞斯事。以丁酉歲遣使創大伽藍。號白月山南寺。廣德二年(古記云大曆元年。亦誤。)甲辰七月十五日。寺成。更塑彌勒尊像。安於金堂。額曰。現身成道彌勒之殿。又塑彌陁像安於講堂。餘液不足。塗浴未周。故彌陁像亦有斑駁之痕。額曰。現身成道無量壽殿。議曰。娘可謂應以婦女身攝化者也。華嚴經、摩耶夫人善知識。寄十一地生佛如幻解脫門。今娘之桷産微意在此。觀其投詞。哀婉可愛。宛轉有天仙之趣。嗚呼。使娘婆不解隨順衆生語言。陁羅尼其能若是乎。其末聯宜云。淸風一榻莫予嗔。然不爾云者。蓋不欲同乎流俗語爾。讃曰。

滴翠嵓前剝啄聲。何人日暮扣雲扃。南庵且近宜尋去。莫踏蒼苔汚我庭。　右北庵

谷暗何歸已暝煙。南窻有簟且流連。夜闌百八深深轉。只恐成喧惱客眠。　右南庵。

十里松陰一徑迷。訪僧來試夜□提。三槽浴罷天將曉。生下雙兒

擲向西。右聖娘。

芬皇寺千手大悲。盲兒得眼。

景德王代。漢岐里女希明之兒。生五稔而忽盲。一日其母抱兒、詣芬皇寺左殿北壁畫千手大悲前。令兒作歌禱之。遂得明。其詞曰。

膝肹古召旀　二尸掌音毛乎支內良　千手觀音叱前良中　祈以支白屋尸置內乎多　千隱手叱千隱目肹　一等下叱放一等肹除惡支　二于萬隱吾羅　一等沙隱賜以古只內乎叱等邪阿邪也　吾良遺知支賜尸等焉　放冬矣用屋尸慈悲也根古。讚曰。竹馬葱笙戯陌塵。一朝雙碧失瞳人。不因大士迴慈眼。虛度楊花幾社春。

洛山二大聖。觀音。正趣。調信。

昔義湘法師、始自唐來還。聞大悲眞身住此海邊崛內。故因名洛山。蓋西域寶陁洛伽山。此云小白華。乃白衣大士眞身住處。故借此名

之。齋戒七日。浮座具晨水上。龍天八部侍從引入崛內參禮。空中出
水精念珠一貫給之。湘領受而退。東海龍亦獻如意寶珠一顆。師捧
出。更齋七日。乃見眞容。謂曰。於座上山頂、雙竹湧生。當其地作殿宜
矣。師聞之出崛。果有竹從地湧出。乃作金堂塑像而安之。圓容麗質。
儼若天生。其竹還沒。方知正是眞身住也。因名其寺曰洛山。師以所
受二珠、鎭安于聖殿而去。後有元曉法師。繼踵而來。欲求瞻禮。初至
於南郊水田中。有一白衣女人刈稻。師戲請其禾。女以稻荒戲答之。
又行至橋下。一女洗月水帛。師乞水。女酌其穢水獻之。師覆弃之。更
酌川水而飮之。時野中松上有一青鳥。呼曰休醍　和尙。忽隱不現。
其松下有一隻脫鞋。師既到寺。觀音座下又有前所見脫鞋一隻。方
知前所遇聖女乃眞身也。故時人謂之觀音松。師欲入聖崛更覩眞
容。風浪大作。不得入而去。後有崛山祖師梵日。太和年中、入唐。到明
州開國寺。有一沙彌。截左耳。在衆僧之末。與師言曰。吾亦鄕人也。家

在溟州界翼嶺縣德耆坊。師他日若還本國。須成吾舍。既而遍遊叢席。得法於鹽官。事具在本傳。以會昌七年丁卯還國。先創崛山寺而傳敎。大中十二年戊寅二月十五日夜。夢昔所見沙彌到窗下。曰。昔在明州開國寺。與師有約。既蒙見諾。何其晚也。祖師驚覺。押數十人。到翼嶺境。尋訪其居。有一女居洛山下村。問其名。曰德耆。女有一子。年才八歲。常出遊於村南石橋邊。告其母曰。吾所與遊者。有金色童子。母以告于師。師驚喜。與其子尋所遊橋下。水中有一石佛。舁出之。截左耳。類前所見沙彌。即正趣菩薩之像也。乃作簡子卜其營構之地。洛山上方吉。乃作殿三間安其像。古本載梵日事在前。湘曉二師在後。然按湘曉二師同於高宗之代。梵日在於會昌之後。相去一百七十餘歲。故今前却而編次之。或云。梵日爲相之門人。謬妄也。後百餘年。野火連延到此山。唯二聖殿獨免其災。餘皆煨燼。及西山大兵已來。癸丑、甲寅年間。二聖眞容及二寶珠移入襄州城。大兵來攻甚急。城將陷。時住持禪師阿行古名希玄以銀合盛二珠佩持將逃逸。寺奴名乞升奪取。深埋於地。誓曰。我若不免死於兵。則二寶珠終不現於人間。人無知者。我若不死。當奉二寶獻於邦家矣。甲寅十月二十二日。城陷。阿行不免。而乞升獲免。兵退後掘出。納於溟州道監倉使。時郞中李祿綏爲監倉使。受而藏於監倉庫中。每交代傳受。至戊午十一月。本業老宿祇林寺住持大禪師覺猷奏曰。洛山二珠。國家神寶。襄州城陷時。寺奴乞升埋於城中。兵退取納監倉使。藏在溟州營庫中。今溟州城殆不能守矣。宜輸安御府。主上允可。發夜別抄十人。率乞升取於溟州城。入安於內府。時使介十人。各賜銀一斤米五石。昔新羅爲京師時。有世逵寺今興教寺也之莊舍。在溟州㮈李郡按地理志。溟州無㮈李郡。唯有㮈城郡。本㮈生郡。今寧越。又牛首州領縣有㮈靈郡。本㮈已郡。今剛州。牛首州今春州。今言㮈李郡。未知孰是。本寺遣僧調信爲知莊。信到莊上。悅　守金昕公之女。惑之深。屢就洛山大悲前。潛祈得幸。方數年間。其女已有配矣。又往堂前。怨大悲之不遂已。哀泣至日暮。情思倦憊。俄成假寢。忽夢金氏娘容豫入門。粲然啓齒而謂曰。兒早識上人於半面。心乎愛矣。未嘗暫忘。迫於父母之命强從人矣。今願爲同穴之友故來爾。信乃顚喜。同歸鄉里。計活四十餘霜。有兒息五。家徒四壁。藜藿不給。遂乃落魄。扶攜、糊其口於四方。如是十年。周流草野。懸鶉百結。亦不掩體。適過溟州蟹縣嶺。大兒十五歲者忽餧死。痛哭收瘞於道。從擧餘四口到羽曲縣。（今羽縣也。）結茅於路傍而舍。夫婦老且病。飢不能興。十歲女兒巡乞。乃爲里獒所噬。號痛臥於前。父母爲之歔欷。泣下數行。婦乃皺拭涕。倉卒而語曰。予之始遇君也。色美年芳。衣袴稠鮮。一味之甘得與子分之。數尺之煖得與子共之。出處五十年。情鐘莫逆。恩愛綢繆。可謂厚緣。自此年來。衰病歲益深。飢寒日益迫。傍舍壺漿。人不容乞。千門之耻。重似丘山。兒寒兒飢。未遑計補。何暇有愛悅夫婦之心哉。紅顏巧笑。草上之露。約束芝蘭。柳絮飄風。君有我而爲累。我爲君而足憂。細思昔日之歡。適爲憂患所階。君乎予乎。奚至此極。與其衆鳥之同餧。焉知隻鸞之有鏡。寒弃炎附。情所不堪。然而行止非人。離合有數。請從此辭。信聞之大喜。各分二兒將行。女曰。我向桑梓。君其南矣。方分手進途而形開。殘燈翳吐。夜色將闌。及旦鬢髮盡白。惘惘然殊無人世意、已厭勞生。如飫百年辛苦。貪染之心、洒然氷釋。於是慚對聖容。懺滌無已。歸撥蟹峴所埋兒塚。乃石彌勒也。灌洗奉安于隣寺。還京師。免莊任。傾私財創淨土寺。懃修白業。後莫知所終。議曰。讀此傳。掩卷而追繹之。何必信師之夢爲然。今皆知其人世之爲樂。欣欣然、役役然。特未覺爾。乃作詞誡之曰。　快適須臾意已閑。暗從愁裏老蒼顏。不須更待黃粱熟。方悟勞生一夢間。　治身臧否先誠意。鰥夢蛾眉賊夢藏。何似秋來清夜夢。時時合眼到清涼。

魚山佛影。

古記云。萬魚寺者、古之慈成山也。又阿耶斯山。（當作摩耶斯。此云魚也。）傍有呵囉國。昔天卵下于海邊。作人御國。卽首露王。當此時。境內有玉池。池有毒龍焉。萬魚山有五羅刹女。往來交通。故時降電雨。歷四年五穀不成。王呪禁不能。稽首請佛說法。然後羅刹女受五戒而無後害。故東海魚龍遂化爲滿洞之石。各有鍾磬之聲。(已上古記)又按。大安十二年庚子。即明宗十一年也。始創萬魚寺。棟梁寶林狀奏所稱。山中奇異之迹。與北天竺訶羅國佛影事。符同者有三。一、山之側近地梁州界玉池。亦毒龍所蟄是也。二、有時自江邊雲氣始出來到山頂。雲中有音樂之聲。是也。三、影之西北有盤石。常貯水不絕。云是佛浣濯袈裟之地是也。已上皆寶林之說。今親來瞻禮。亦乃彰彰可敬信者有二。洞中之石。凡三分之二。皆有金玉之聲。是一也。遠瞻即現。近瞻不見。或見、覓等。是一也。北天之文具錄於後。可函。觀佛三昧經第七卷云。佛到耶乾訶羅國。古仙山、薝蔔花林、毒龍之側、青蓮花泉北、羅刹穴中阿那斯山南。爾時彼穴有五羅刹。化作女龍。與毒龍通。龍復降雹。羅刹亂行。飢饉疾疫。已歷四年。王驚懼。禱祀神祇。於事無益。時有梵志。聰明多智。白言大王。伽毗羅淨飯王子、今者成道號釋迦文。王聞是語。心大歡喜。向佛作禮曰。云何今日佛日已興、不到此國。爾時如來勑諸比丘得六神通者。隨從佛後。受那乹訶羅王弟婆浮提請。爾時世尊頂放光明。化作一萬諸天化佛。往至彼國。爾時、龍王及羅刹女、五體投地、求佛受戒。佛即爲說三歸五戒。龍王聞已。長跪合掌。勸請世尊常住此間。佛若不在。我有惡心。無由得成阿耨菩提。時梵天王復來禮佛。請婆伽婆爲未來世諸衆生。故莫獨偏爲此一小龍。百千梵王皆作是請。時龍王出七寶臺。奉上如來。佛告龍王。不須此臺。汝今但以羅刹石窟。持以施我。龍歡喜云云。爾時如來安慰龍王。我受汝請。坐汝窟中。經千五百歲。佛湧身入石。猶如明鏡、人見面像。諸龍皆現。佛在石內。映現於外。爾時諸龍合掌歡喜。不出其地。常見佛日。爾時世尊結伽趺坐在石壁內。衆生見時。遠望即現。近則不現。諸天供養佛影。影亦說法。又云。佛蹴嵓石之上。卽便成金玉之聲。高僧傳云。惠遠聞天竺有佛影。昔爲龍所留之影。在北天竺月支國那竭呵城南古仙人石室中云云。又法現西域傳云。至那竭國界。那竭城南半由旬、有石室博山。西南面佛留影。此中去十餘步觀之。如佛眞形。光明炳着。轉遠轉微。諸國王遣工摹寫。莫能髣髴。國人傳云。賢劫千佛皆當於此留影。影之西百步許、有佛在時剃髮剪爪之地云云。星函、西域記第二卷云。昔如來在世之時。此龍爲牧牛之士。供王乳酪。進奏失宜。旣獲譴嘖。心懷恚恨。以金錢買花供養。授記卒堵婆。願爲惡龍、破國害王。特趣石壁投身而死。遂居此窟爲大龍王。適起惡心。如來鑑此。變神通力而來。至此龍見佛。毒心遂止。受不殺戒。因請如來常居此穴。常受我供。佛言。吾將寂滅。爲汝留影。汝若毒忿。常觀吾影。毒心當止。攝神獨入石室。遠望即現。近則不現。又令石上甃爲七寶云云。已上皆經文大略如此。海東人名此山爲阿那斯。當作摩那斯。此翻爲魚。蓋取彼北天事、而稱之爾。

臺山五萬眞身。

按山中古傳。此山之署名眞聖住處者。始自慈藏法師。初法師欲見中國五臺山文殊眞身。以善德王代貞觀十年丙申（唐僧傳云十二年。今從三國本史。）入唐。初至中國太和池邊石文殊處。虔祈七日。忽夢大聖授四句偈。覺而記憶。然皆梵語。罔然不解。明旦忽有一僧。將緋羅金點袈裟一領、佛鉢一具、佛頭骨一片、到于師邊。問何以無聊。師答以夢所受四句偈、梵音不解、爲辭。僧譯之云。呵囉婆佐曩。是曰了知一切法。達㘑哆佉嘢、云自性無所有。曩伽呬伽曩、云如是解法性。達㘑盧舍那、云即見盧舍那。仍以所將袈裟等、付而囑云。此是本師釋迦尊之道具也。汝善護持。又曰。汝本國艮方溟州界有五臺山。一萬文殊常住在彼。汝往見之。言已不現。遍尋靈迹。將欲東還。太和池龍現身請齋供養七日。乃告云。昔之傳偈老僧是眞文殊也。亦有叮囑創寺立塔之事。具載別傳。師以貞觀十七年。來到此山。欲覩眞身三日。晦陰不果而還。復住元寧寺。乃見文殊云。至葛蟠處。今淨嵓寺是。（亦載別傳。）後有頭陁信義。乃梵日之門人也。來尋藏師憩息之地。創庵而居。信義既卒。庵亦久廢。有水多寺長老。有緣重創而居。今月精寺是也。藏師之返。新羅淨神大王太子寶川、孝明二昆弟（按國史。新羅無淨神、寶川、孝明三父子明文。然此記下文云。神龍元年開土立寺。則神龍乃聖德王即位四年乙巳也。王名興光。本名隆基。神文之第二子也。聖德之兄孝照名理恭。一作洪。亦神文之子。神文政明字日照。則淨神恐政明神文之訛也。孝明乃孝照一作昭之訛也。記云孝明即位。而神龍年開土立寺云者。亦不細詳言之爾。神龍年立寺者乃聖德王也。）到河西府（今溟州亦有河西郡。是也。作河曲縣今蔚州。非是也。）一世獻角干之家。留一宿。翌日過大嶺。各領千徒。到省烏坪。遊覽累日。忽一夕昆弟二人密約方外之志。不令人知。逃隱入五臺山。（古記云。大和元年戊申八月初。王隱山中。恐此文大誤。按、孝照一作昭、以天授三年壬辰即位。時年十六。長安二年壬寅崩。壽二十六。聖德以是年即位。年二十二。若曰太和元年戊申。則先於孝照即位甲辰已過四十五歲。乃太宗文武王之世也。以此知此文爲誤。故不取之。）侍衛不知所歸。於是還國。二太子到山中。青蓮忽開地上。兄太子結庵而止住。是曰寶川庵。向東北行六百餘步、北臺南麓。亦有青蓮開處。弟太子孝明又結庵而止。各懃修業。一日同上五峰瞻禮。次東臺滿月山、有一萬觀音眞身現在。南臺麒麟山、八大菩薩爲首、一萬地藏。西臺長嶺山、無量壽如來爲首、一萬大勢至。北臺象王山、釋迦如來爲首、五百大阿羅漢。中臺風盧山、亦名地盧山、毗盧遮那爲首、一萬文殊。如是五萬眞身一一瞻禮。每日寅朝。文殊大聖到眞如院今上院。變現三十六種形。或時現佛面形。或作寶珠形。或作佛眼形。或作佛手形。或作寶塔形。或萬佛頭形。或作萬燈形。或作金橋形。或作金鼓形。或作金鍾形。或作神通形。或作金樓形。或作金輪形。或作金剛杵形。或作金甕形。或作金鈿形。或五色光明形。或五色圓光形。或吉祥草形。或青蓮花形。或作金田形。或作銀田形。或作佛足形。或作雷電形。或來湧出形。或地神湧出形。或作金鳳形。或作金烏形。或馬產師子形。或雞產鳳形。或作青龍形。或作白象形。或作鵲鳥形。或牛產師子形。或作遊猪形。或作青蛇形。二公每汲洞中水、煎茶獻供。至夜各庵修道。淨神王之弟與王爭位。國人廢之。遣將軍四人到山迎之。先到孝明庵前。呼萬歲。時有五色雲、七日垂覆。國人尋雲而畢至。排列鹵簿。將邀兩太子而歸。寶川哭泣以辭。乃奉孝明歸即位。理國有年。(記云。在位二十餘年。蓋崩年壽二十六之訛也。在位但十年爾。又神文之弟爭位事。國史無文。未詳。)以神龍元年(乃唐中宗復位之年。聖德王即位四年也。)乙巳三月初四日。始改創眞如院。大王親率百寮到山。營排殿堂。幷塑泥像文殊大聖安于堂中。以知識靈卞等五員長轉華嚴經。仍結爲華嚴社。長年供費。每歲春秋。各給近山州縣倉租一百石淨油一石。以爲恒規。自院西行六千步。至牟尼岾古伊峴外。柴地十五結、栗枝六結、坐位二結。創置莊舍焉。寶川常汲服其靈洞之水。故晩年肉身飛空。到流沙江外蔚珍國掌天窟停止。誦隨求陁羅尼。日夕爲課。窟神現身白云。我爲窟神已二千年。今日始聞隨求眞詮。請受菩薩戒。既受已。翌日窟亦無形。寶川驚異。留二十日乃還五臺山神聖窟。又修眞五十年。忉利天神三時聽法。淨居天衆烹茶供獻。四十聖騰空十尺。常時護衛。所持錫杖一日三時作聲。遶房三匝。用此爲鐘磬。隨時修業。文殊或灌水寶川頂。爲授成道記莂。川將圓寂之日。留記後來山中所行輔益邦家之事云。此山乃白頭山之大脉。各臺眞身常住之地。青。在東臺北角下。北臺南麓之末。宜置觀音房。安圓像觀音。及靑地畫一万觀音像。福田五員。晝讀八卷金經仁王般若千手呪。夜念觀音禮懺。稱名圓通社。赤。在南臺南面。置地藏房。安圓像地藏。及赤地畫八大菩薩爲首一萬地藏像。福田五員。晝讀地藏經金剛般若。夜　察禮懺。稱金剛社。白。方西臺南面。置彌陁房。安圓像無量壽。及白地畫無量壽如來爲首一萬大勢至。福田五員。晝讀八卷法華。夜念彌陁禮懺。稱水精社。黑。地北臺南面。置羅漢堂。安圓像釋迦。及黑地畫釋迦如來爲首五百羅漢。福田五員。晝讀佛報恩經涅槃經。夜念涅槃禮懺。稱白蓮社。黃。處中臺直　院中安泥像文殊不動。後壁安黃地畫毗盧遮那爲首三十六化形。福田五員。晝讀華嚴經六百般若。夜念文殊禮懺。稱華嚴社。寶川庵改創華藏寺。安圓像毗盧遮那三尊及大藏經。福田五員。長門藏經。夜念華嚴神衆。每年設華嚴會一百日。稱名法輪社。以此華藏寺爲五臺社之本寺。堅固護持。命淨行福田鎭長香火。則國王千秋。人民安泰。文虎和平。百穀豊穰矣。又加排下院文殊岬寺爲社之都會。福田七員。晝夜常行華嚴神衆禮懺。上件三十七員。齋料衣費。以河西府道內八州之稅、充爲四事之資。代代君王不忘遵行。幸矣。

溟州（古河西府也。）五臺山寶叱徒太子傳記。

新羅淨神太子寶叱徒、與弟孝明太子。到河西府世獻角干家。一宿。翌日踰大嶺。各領一千人到省烏坪。累日遊翫。大和元年八月五日。兄弟同隱入五臺山。徒中侍衛等推覓不得。並皆還國。兄太子見中臺南下、眞如院基下山末、靑蓮開。其地結草菴而居。弟孝明見北臺南山末、靑蓮開。亦結草菴而居。兄弟二人禮念修行。五臺進敬禮拜。靑、在東臺滿月形山。觀音眞身一萬常住。赤、南臺麒麟山。八大菩薩爲首。一萬地藏菩薩常住。白、方西臺長嶺山。無量壽如來爲首。一萬大勢至菩薩常住。黑、掌北臺相王山。釋迦如來爲首。五百大阿羅漢常住。黃、處中臺風爐山。亦名地爐山。毗盧遮那爲首。一萬文殊常住。眞如院地、文殊大聖每日寅朝化現三十六形。三十六形見臺山五萬眞身傳。兩太子並禮拜。每日早朝汲于洞水。煎茶供養一萬眞身文殊。淨神太子弟副君在新羅。爭位誅滅。國人遣將軍四人。到五臺山孝明太子前。呼萬歲。即是有五色雲。自五臺至新羅。七日七夜浮光。國人尋光到五臺。欲陪兩太子還國。寶叱徒太子涕泣不歸。陪孝明太子歸國即位。在位二十餘年。神龍元年三月八日。始開眞如院云云。寶叱徒太子常服于洞靈水。肉身登空。到流沙江。入蔚珍大國掌天窟修道。還至五臺神聖窟。五十年修道云云。五臺山是白頭山大根脈。各臺眞身常住云云。

臺山月精寺五類聖衆。

按寺中所傳古記云。慈藏法師初至五臺。欲覩眞身。於山麓結茅而住。七日不見。而到妙梵山。創淨岩寺。後有信孝居士者。或云幼童菩薩化身。家在公州。養母純孝。母非肉不食。士求肉出行山野。路見五鵠射之。有一鵠落一羽而去。士執其羽。遮眼而見人。人皆是畜生。故不得肉。而因割股肉進母。後乃出家。捨其家爲寺。今爲孝家院。士自慶州界至河率。見人多是人形。因有居住之志。路見老婦。問可住處。婦云。過西嶺。有北向洞。可居。言訖不現。士知觀音所敎。因過省烏坪。入慈藏初結茅處而住。俄有五比丘到云。汝之持來袈裟一幅。今何在。士茫然。比丘云。汝所執見人之羽是也。士乃出呈。比丘乃置羽於袈裟闕幅中相合。而非羽。乃布也。士與五比丘別。後方知是五類聖衆化身也。此月精寺。慈藏初結茅。次信孝居士來住。次梵日門人信義頭陁來。創庵而住。後有水多寺長老。有緣來住。而漸成大寺。寺之五類聖衆九層石塔皆聖跡也。相地者云。國內名山。此地最勝。佛法長興之處云云。

南月山（亦名甘山寺。）

寺在京城東南二十許里。金堂主彌勒尊像火光後記云。開元七年己未二月十五日。重阿喰金志誠、爲亡考仁章二吉干、亡妃觀肖里夫人、敬造甘山寺一所、石彌勒一軀。兼及愷元伊飡、弟懇誠小舍、玄度師、姊古巴里、前妻古老里、後妻阿好里、兼庶族及漢一吉喰、一幢薩喰、聰敏大舍、妹首肹買等。同營茲善。亡妣肖里夫人、古人成之東海攸友邊散也。（古人成之以下、文不詳其意。但存古文而已。下同。）彌陁佛火光後記云。重阿喰金志全、曾以尙衣奉御、又執事侍郎。年六十七。致仕閑居。奉爲國主大王、伊喰愷元、亡考仁章一吉干、亡妃亡弟小舍梁誠、沙門玄度、亡妻古路里、亡妹古巴里。又爲妻阿好里等。捨甘山莊田。建伽藍、仍造石彌陁一軀。奉爲亡考、仁章一吉干。古人成之東海攸反邊散也（按帝系、金愷元乃太宗春秋之弟、太子愷元角干也。乃文熙之所生也。誠志全乃仁章一吉干之子。東海攸反、恐法敏葬東海也。）

天龍寺。

東都南山之南、有一峰屹起。俗云高位山。山之陽有寺。俚云高寺。或云天龍寺。討論三韓集云。鷄林土內有客水二條、逆水一條。其逆水客水二源。不鎭天災、則致天龍覆沒之災。俗傳云。逆水者州之南馬等烏村南流川是。又是水之源致天龍寺。中國來使樂鵬龜來見云。破此寺、則國亡無日矣。又相傳云。昔有檀越有二女。曰天女、龍女。二親爲二女創寺因名之。境地異常助道之場。羅季殘破久矣。衆生寺大聖所乳崔殷誠之子承魯。魯生肅。肅生侍中齊顏。顏乃重修起廢。仍置釋迦万日道場。受朝旨。兼有信書願文。留于寺。既卒。爲護伽藍神。頗著靈異。其信書略曰。檀越內史侍郎同內史門下平章事柱國崔齊顏狀。東京高位山天龍寺殘破有年。弟子特爲聖壽天長民國安泰之願。殿堂廊閣。房舍廚庫。已來興構畢。具石造泥塑佛聖數軀。開置釋迦万日道場。既爲國修營。官家差定主人亦可。然當遞換交代之時。道場僧衆不得安心。側觀入田稠足寺院。如公山地藏寺入田二百結、毗瑟山道仙寺入田二十結、西京之、四面山寺各田一十結。例皆勿論有職無職。須擇戒備才高者、社中衆望、連次住持焚修、以爲恒規。弟子聞風而悅。我此天龍寺亦於社衆之中。擇選才德雙高大德。兼爲棟梁。差主人鎮長焚修。具錄文字。付在剛司。自當時主人爲始。受留守官文通。示道場諸衆。各宜知悉。重熙九年六月日。具衘如前署。按重熙乃契丹興宗年號。本朝靖宗七年庚辰歲也。

鍪藏寺彌陁殿。

京城之東北二十許里。暗谷村之北。有鍪藏寺。第三十八元聖大王之考大阿干孝讓追封明德大王之爲叔父波珍喰追崇所創也。幽谷迥絕。類似削成。所寄冥奧。自生虛白。乃息心樂道之靈境也。寺之上方有彌陁古殿。乃昭成（一作聖）大王之妃桂花王后爲大王先逝。中宮乃充充焉、皇皇焉。哀戚之至。泣血棘心。思所以幽贊明休、光啓玄福者。聞西方有大聖、曰彌陁。至誠歸仰。則善救來迎。是眞語者、豈欺我哉。乃捨六衣之盛服。罄九府之貯財。召彼名匠。敎造彌陁像一軀。幷造神衆以安之。先是寺有一老僧。忽夢眞人坐於石塔東南岡上、向西爲大衆說法。意謂此地必佛法所住也。心秘之而不向人說。嵓石嶢崒。流澗激迅。匠者不顧。咸謂不臧。及乎辟地。乃得平坦之地。可容堂宇。宛似神基。見者莫不愕然稱善。近古來殿則壞圮。而寺獨在。諺傳。太宗統三已後。藏兵鏊於谷中。因名之。

伯嚴寺石塔舍利。

開運三年丙午十月二十九日。康州界任道大監柱貼云。伯嚴禪寺坐草八縣。今草谿。寺僧侶遊上座年三十九云。寺之經始則不知。但古傳云。前代新羅時。北宅廳基捨置茲寺。中間久廢。去丙寅年中。沙木谷陽孚和尙改造。住持。丁丑遷化。乙酉年。曦陽山競讓和尙來住十年。又乙未年。却返曦陽。時有神卓和尙。自南原白嵓藪來入當院。如法住持。又咸雍元年十一月。當院住持得奥微定大師釋秀立定院中常規十條。新竪五層石塔。眞身佛舍利四十二粒安邀。以私財立寶。追年供養。條第一、當寺護法敬僧嚴欣伯欣兩明神、及近岳等三位前、立寶供養條。(諺傳。嚴欣、伯欣二人。捨家爲寺。因名曰伯嚴。仍爲護法神)金堂藥師前木鉢、月朔遞米條等已下。不錄。

靈鷲寺。

寺中古記云。新羅眞骨第二十一主神文王代、永淳二年癸未(本文云元年。誤)宰相忠元公、萇山國(即東萊縣。亦名萊山國。)溫井沐浴。還城次。到屈井驛桐旨野駐歇。忽見一人放鷹而逐雉。雉飛過金岳。杳無蹤迹。聞鈴尋之。到屈井縣官北井邊。鷹坐樹上。雉在井中。水渾血色。雉開兩翅抱二雛焉。鷹亦如相惻隱而不敢攫也。公見之惻然有感。卜問此地云。可立寺。歸京啓於王。移其縣於他所。創寺於其地。名靈鷲寺焉。

有德寺。

新羅大夫角干崔有德捨私第爲寺。以有德名之。遠孫三韓功臣崔彥撝掛安眞影。仍有碑云。

五臺山文殊寺石塔記。

庭畔石塔蓋新羅人所立也。制作雖淳朴不巧。然甚有靈響。不可勝記。中一事聞之。諸古老云。昔連谷縣人具舡沿海而漁。忽見一塔隨逐舟楫。凡水族見其影者、皆逆散四走。以故漁人一無所得。不堪憤恚。尋影而至。蓋此塔也。於是共揮斤斫之而去。今此塔四隅皆缺者以此也。予驚歎無已。然怪其置塔稍東而不中。於是仰見一懸板。云。比丘處玄曾住此院。輒移置庭心。則二十餘年間寂無靈應。及日者求基抵此。乃嘆曰。是中庭地非安塔之所。胡不移東乎。於是衆僧乃悟。復移舊處。今所立者是也。余非好怪者。然見其佛之威神、其急於現迹利物如此。爲佛子者詎可默而無言耶。　時正豐元年丙子十月　日。白雲子記。

三國遺事卷第三

三國遺事卷第四

義解第五。

圓光西學。

唐續高僧傳第十三卷載。新羅皇隆寺釋圓光。俗姓朴氏。本住三韓。卞韓、辰韓、馬韓。光即辰韓人也。家世海東。祖習綿遠。而神器恢廓。愛染篇章。校獵玄儒。討讎子史。文華騰翥於韓服。博贍猶愧於中原。遂割略親朋。發憤溟渤。年二十五。乘船造于金陵。有陳之世。號稱文國。故得諮考先疑。詢猷了義。初聽庄嚴旻公弟子講。素霑世典。謂理窮神。及聞釋宗。反同腐芥。虛尋名教。實懼生涯。乃上啓陳主。請歸道法。有勅許焉。既爰初落采。即稟具戒。遊歷講肆。具盡嘉謀。領牒微言。不謝光景。故得成實涅槃蘊括心府。三藏釋論徧所披尋。末又投吳之虎丘山。念定相沿。無忘覺觀。息心之衆。雲結林泉。並以綜涉四含。功流入定。明善易擬。筒直難虧。深副夙心。遂有終焉之慮。於即頓絕人事。盤遊聖迹。攝想靑霄。緬謝終古。時有信士宅居山下。請光出講。固辭不許。苦事邀延。遂從其志。創通成論。末講般若。思解俊徹。嘉問飛移。兼綵以絢采。織綜詞義。聽者欣欣。會其心府。從此因循舊章。開化成任。每法輪一動。輒傾注江湖。雖是異域。通傳而沐道。頓除嫌郄。故名望橫流。播于嶺表。披榛負橐而至者。相接如鱗。會隋后御宇。威加南國。曆窮其數。軍入楊都。遂被亂兵。將加刑戮。有大主將、望見寺塔火燒。走赴救之。了無火狀。但見光在塔前被縛將殺。旣恠其異。即解而放之。斯臨危達感如此也。光學通吳越。便欲觀化周秦。開皇九年。來遊帝宇。値佛法初會。攝論肇興。奉佩文言。振績微緒。又馳慧解。宣譽京皐。勣業旣成。道東須繼。本國遠聞。上啓頻請。有勅厚加勞問。放歸桑梓。光往還累紀。老幼相欣。新羅王金氏面申虔敬。仰若聖人。光性在虛閑。情多汎愛。言常含笑。慍結不形。而牋表啓書。往還國命。並出自胷襟。一隅傾奉。皆委以治方。詢之道化。事異錦衣。情同觀國。

乘機敷訓。垂範于今。年齒既高。乘輿入內。衣服藥食。並王手自營。不許佐助。用希專福。其感敬爲此類也。將終之前。王親執慰。囑累遺法。兼濟民斯爲說。徵祥被于海曲。以彼建福五十八年。少覺不悆。經于七日遺誡淸切。端坐終于所住皇隆寺中。春秋九十有九。卽唐貞觀四年也。(宜云十四年。)當終之時。寺東北虛中音樂滿空。異香充院。道俗悲慶。知其靈感。遂葬于郊外。國給羽儀。葬具同於王禮。後有俗人兒胎死者。彼土諺云。當於有福人墓埋之。種胤不絕。乃私瘞於墳側。當日震此胎屍。擲于塋外。由此不壞。敬者率崇仰焉。有弟子圓安。神志機穎。性希歷覽。慕仰幽求。遂北趣九都。東觀不耐。又西燕魏。後展帝京。備通方俗。尋諸經論。跨轢大綱。洞淸纖旨。晚歸心學。高軌光塵。初住京寺。以道素有聞。特進蕭瑀奏請。住於藍田所造津梁寺。四事供給。無替六時矣。安嘗敘光云。本國王染患。醫治不損。請光入宮。別省安置。夜別二時爲說深法。受戒懺悔。王大信奉。一時初夜王見光首。金色晃然。有象日輪。隨身而至。王后宮女同共觀之。由是重發勝心。克留疾所。不久遂差。光於辰韓馬韓之間。盛通正法。每歲再講。匠成後學。嚫施之資。並充營寺。餘惟衣盋而已。（載遠函。）

又東京安逸戶長貞孝家、在古本殊異傳、載圓光法師傳。曰。法師俗姓薛氏。王京人也。初爲僧學佛法。年三十歲。思靜居修道。獨居三岐山。後四年有一比丘來。所居不遠。別作蘭若。居二年。爲人强猛。好修咒術。法師夜獨坐誦經。忽有神聲呼其名。善哉、善哉、汝之修行。凡修者雖衆。如法者稀有。今見隣有比丘。徑、修咒術而無所得。喧聲惱他靜念住處。礙我行路。每有去來。幾發惡心。法師爲我語告、而使移遷。若久住者。恐我忽作罪業。明日法師往而告曰。吾於昨夜有聽神言。比丘可移別處。不然應有餘殃。比丘對曰。至行者爲魔所眩。法師何憂狐鬼之言乎。其夜神又來曰。向我告事、比丘有何答乎。法師恐神嗔怒而對曰。終未了說。若强語者。何敢不聽。神曰。吾已具聞。法師何須補說。但可默。然見我所爲。遂辭而去。夜中有聲如雷震。明日視之。山頹塡比丘所在蘭若。神亦來曰。師見如何。法師對曰。見甚驚懼。神曰。我歲幾於三千年。神術最壯。此是小事。何足爲驚。但復將來之事。無所不知。天下之事。無所不達。今思法師唯居此處。雖有自利之行。而無利他之功。現在不揚高名。未來不取勝果。盍採佛法於中國。導群迷於東海。對曰。學道中國。是本所願。海陸迥阻。不能自通而已。神詳誘歸中國所行之計。法師依其言歸中國。留十一年。博通三藏。兼學儒術。眞平王二十二年庚申。(三國史云、明年辛酉來。)師將理策東還。乃隨中國朝聘使還國。法師欲謝神。至前住三岐山寺。夜中神亦來呼其名曰。海陸途間。往還如何。對曰。蒙神鴻恩。平安到訖。神曰。吾亦授戒於神。仍結生生相濟之約。又請曰。神之眞容可得見耶。神曰。法師若欲見我形。平旦可望東天之際。法師明日望之。有大臂貫雲接於天際。其夜神亦來曰。法師見我臂耶。對曰。見已甚奇絕異。因此俗號臂長山。

神曰。雖有此身。不免無常之害。故吾無月日、捨身其嶺。法師來送長逝之魂。待約日往看。有一老狐黑如柒。但吸吸無息。俄然而死。法師始自中國來。本朝君臣敬重爲師。常講大乘經典。此時高麗百濟常侵邊鄙。王甚患之。欲請兵於隋。宜作唐。請法師作乞兵表。皇帝見以三十萬兵、親征高麗。自此知法師旁通儒術也。享年八十四入寂。葬明活城西。又三國史列傳云。賢士貴山者沙梁部人也。與同里箒項爲友。二人相謂曰。我等期與士君子遊。而不先正心持身。則恐不免招辱。盍問道於賢者之側乎。時聞圓光法師入隋回。寓止嘉瑟岬。或作加西。又嘉栖。皆方言也。岬、俗云古尸。故或云古尸寺。猶言岬寺也。今雲門寺東九千步許有加西峴。或云嘉瑟峴。峴之北洞有寺基。是也。二人詣門進告曰。俗士顓蒙無所知識。願賜一言以爲終身之誡。光曰。佛教有菩薩戒。其別有十。若等爲人臣子。恐不能堪。今有世俗五戒。一曰、事君以忠。二曰、事親以孝。三曰、交友有信。四曰、臨戰無退。五曰、殺生有擇。若行之無忽。貴山等曰。他則既受命矣。所謂殺生有擇、特未曉也。光曰。六齋日春夏月不殺。是擇時也。不殺使畜。謂馬牛雞犬。不殺細物。謂肉不足一臠。是擇物也。此亦唯其所用。不求多殺。此是世俗之善戒也。貴山等曰。自今以後。奉以周旋。不敢失墜。後二人從軍事。皆有奇功於國家。又建福三十年癸酉（即眞平王即位三十五年也。）秋。隋使王世儀至。於皇龍寺設百座道場。請諸高德說經。光最居上首。議曰。原宗興法已來。津梁始置。而未遑堂奧。故宜以歸戒滅懺之法。開曉愚迷。故光於所住嘉栖岬。置占察寶。以爲恒規。時有檀越尼納田於占察寶。今東平郡之田一百結是也。古籍猶存。光性好虛靜。言常含笑。形無慍色。年臘旣邁。乘輿入內。當時群彥德義攸屬。無敢出其右者。文藻之贍。一隅所傾。年八十餘。卒於貞觀間。浮圖在三岐山金谷寺。（今安康之西南洞也。亦明活之西也。）唐傳云。告寂皇隆寺。未詳其地。疑皇龍之訛也。如芬皇作王芬寺之例也。據如上唐鄕二傳之文。但姓氏之朴、薛。出家之東西。如二人焉。不敢詳定。故兩存之。然彼諸傳記。皆無鵲岬璃目與雲門之事。而鄕人金陟明謬以街巷之說潤文。作光師傳。濫記雲門開山祖寶壤師之事迹。合爲一傳。後撰海東僧傳者。承誤而錄之。故時人多惑之。因辨於此。不加減一字。載二傳之文詳矣。陳隋之世。海東人鮮有航海問道者。設有。猶未大振。及光之後。繼踵西學者憧憧焉。光乃啓途矣。讚曰。

航海初穿漢地雲。幾人來往挹清芬。昔年蹤迹青山在。金谷嘉西事可聞。

寶壤梨木。

釋寶壤傳。不載鄕井氏族。謹按清道郡司籍載。天福八年癸酉(大祖即位第二十六年也)正月日。清道郡界里審使順英、大乃末水文等、柱貼公文。雲門山禪院長生。南、阿尼岾。東、嘉西峴(云云)。同藪三剛典主人寶壤和尙。院主玄會。長老、貞座玄兩。上座直歲、信元禪師。(右公文、清道郡都田帳傳准)又開運三年丙辰。雲門山禪院長生標塔公文一道。長生十一。阿尼岾、嘉西峴、畝峴、西北買峴(一作西知村)、北猪足門等。又庚寅年。晉陽府貼。五道按察使、各道禪致寺院始創年月形止、審檢成籍時、差使員東京掌書記李僐審檢記載。正豊六年辛巳(大金年號、本朝毅宗即位十六年也。)九月、郡中古籍裨補記。准清道郡前副戸長禦侮副尉李則禎戸在古人消息及諺傳記載、致仕上戸長金亮辛、致仕戸長旻育、戸長同正尹應、前其人珍奇等、與時上戸長用成等言語、時太守李思老、戸長亮辛年八十九、餘輩皆七十已上、用成年六十已上。(云云。次不准。)羅代已來。當郡寺院。鵲岬已下中小寺院。三韓亂亡間。大鵲岬、小鵲岬、所寶岬、天門岬、嘉西岬等五岬皆亡壞。五岬柱合在大鵲岬。祖師智識(上文云寶壤。)大國傳法來還。次西海中。龍邀入宮中念經。施金羅袈裟一領。兼施一子璃目。爲侍奉而追之。囑曰。于時三國擾動。未有歸依佛法之君主。若與吾子歸本國鵲岬。創寺而居。可以避賊。抑亦不數年內。必有護法賢君。出定三國矣。言訖。相別而來還。及至玆洞。忽有老僧。自稱圓光。抱印櫃而出。授之而沒。(按圓光以陳末入中國。開皇間東還。住嘉西岬。而沒於皇隆。計至淸泰之初。無慮三百年矣。今悲嘆諸岬皆廢。而喜見壤來而將興。故告之爾。)於是壤師將與廢寺。而登北嶺望之。庭有五層黃塔。下來尋之則無跡。再陟望之。有群鵲啄地。乃思海龍鵲岬之言。尋掘之。果有遺塼無數。聚而蘊崇之。塔成而無遺塼。知是前代伽藍墟也。畢創寺而住焉。因名鵲岬寺。未幾太祖統一三國。聞師至此創院而居。乃合五岬田束五百結納寺。以清泰四年丁酉。賜額曰雲門禪寺。以奉袈裟之靈蔭。璃目常在寺側小潭。陰隲法化。忽一年亢旱。田蔬焦槁。壤勑璃目行雨。一境告足。天帝將誅不識。璃目告急於師。師藏於床下。俄有天使到庭。請出璃目。師指庭前梨木。乃震之而上天。梨木萎摧。龍撫之即蘇。一云。師呪之而生。其木近年倒地。有人作楗椎。安置善法堂及食堂。其椎柄有銘。初師入唐廻。先止于推火之奉聖寺。適太祖東征至清道境。山賊嘯聚于犬城。有山岑臨水峭立。今俗惡其名。改云犬城。驕傲不格。太祖至于山下。問師以易制之述。師答曰。夫犬之爲物。司夜而不司晝。守前而忘其後。宜以晝擊其北。祖從之。果敗降。太祖嘉乃神謀。歲給近縣租五十碩。以供香火是以寺安二聖眞容。因名奉聖寺。後遷至鵲岬。而大創終焉。師之行狀古傳不載。諺云。與石崛備虛師(一作毗虛)。爲昆弟。奉聖、石崛、雲門三寺。連峯櫛比。交相往還。爾後人改作新羅異傳。濫記鵲塔璃目之事于圓光傳中。系犬城事於毗虛傳。旣謬矣。又作海東僧傳者。從而潤文。使寶壤無傳。而疑誤後人。誣妄幾何。

良志使錫。

釋良志。未詳祖考鄕邑。唯現迹於善德王朝。錫杖頭掛一布帒。錫自飛至檀越家。振拂而鳴。戶知之納齋費。帒滿則飛還。故名其所住。曰錫杖寺。其神異莫測皆類此。旁通雜譽。神妙絕比。又善筆札。靈廟丈六三尊。天王像。幷殿塔之瓦。天王寺塔下八部神將。法林寺主佛三尊。左右金剛神等皆所塑也。書靈廟法林二寺額。又嘗彫磚造一小塔。幷造三千佛。安其塔置於寺中。致敬焉。其塑靈廟之丈六也。自入定。以正受所對。爲揉式。故傾城士女爭運泥土。風謠云 來如來如來如

來如　來如哀反多羅　哀反多矣徒良　功德修叱如良來如。

至今土人舂相役作皆用之。蓋始于此。像初成之費。入穀二萬三千七百碩。（或云金時租）議曰。師可謂才全德充。而以大方隱於末技者也。讚曰。齋罷堂前錫杖閑。靜裝爐鴨自焚檀。殘經讀了無餘事。聊塑圓容合掌看。

歸竺諸師。

廣函。求法高僧傳云。釋阿離那（一作耶）跋摩（一作　）新羅人也。初希正教。早入中華。思觀聖蹤。勇銳彌增。以貞觀年中。離長安。到五天。住那蘭陁寺。多閱律論。抄寫貝莢。痛矣歸心所期不遂。忽於寺中無常。齡七十餘。繼此有惠業、玄泰、求本、玄恪、惠輪、玄遊。復有二亡名法師等。皆忘身順法。觀化中天。而或夭於中途。或生存住彼寺者。竟未有能復雞貴與唐室者。唯玄泰師克返歸唐。亦莫知所終。天竺人呼海東云矩矩吒䃜說羅。矩矩吒言雞也。䃜說羅言貴也。彼土相傳云。其國敬雞神而取尊。故戴翎羽而表飾也。 讚曰。天竺天遙萬疊山。可憐遊士力登攀。幾回月送孤帆去。未見雲隨一杖還。

二惠同塵。

釋惠宿。沉光於好世郎徒。郎既讓名黃卷。師亦隱居赤善村（今安康縣有赤谷村）二十餘年。時國仙瞿旵公嘗往其郊。縱獵一日。宿出於道左。攬轡而請曰。庸僧亦願隨從。可乎。公許之。於是縱橫馳突。裸袒相先。公既悅。及休勞坐。數炮烹相餉。宿亦與啖嚙。略無忤色。既而進於前曰。今有美鮮於此。盍薦之何。公曰善。宿屏人割其股。寘盤以薦。衣血淋漓。公愕然曰。何至此耶。宿曰。始吾謂公仁人也。能恕己通物也。故從之爾。今察公所好。唯殺戮之耽。篤害彼、自養而已。豈仁人君子之所爲。非吾徒也。遂拂衣而行。公大慚。視其所食盤中。鮮胾不滅。公甚異之。歸奏於朝。眞平王聞之。遣使徵迎。宿示臥婦床而寢。中使陋焉。返行七八里。逢師於途。問其所從來。曰。城中檀越家赴七日齋。席罷而來矣。

中使以其語達於上。又遣人撿檀越家。其事亦實。未幾宿忽死。村人轝葬於耳峴（一作□峴）東。其村人有自峴西來者。逢宿於途中。問其何往。曰。久居此地。欲遊他方爾。相揖而別。行半許里。躡雲而逝。其人至峴東。見葬者未散。具說其由。開塚視之。唯芒鞋一隻而已。今安康縣之北有寺名惠宿。乃其所居云。亦有浮圖焉。

釋惠空。天眞公之家傭嫗之子。小名憂助（蓋方言也）。公嘗患瘡瀕於死。而候慰塡街。憂助年七歲。謂其母曰。家有何事賓客之多也。母曰。家公發惡疾將死矣。爾何不知。助曰。吾能右之。母異其言告於公。公使喚來。至坐床下。無一語。須臾瘡潰。公謂偶爾。不甚異之。既壯。爲公養鷹甚愜公意。初公之弟有得官赴外者。請公之選鷹歸治所。一夕公忽憶其鷹。明晨擬遣助取之。助已先知之。俄頃取鷹。昧爽獻之。公大驚悟。方知昔日救瘡之事。皆叵測也。謂曰。僕不知至聖之托吾家。狂言非禮汚辱之。厥罪何雪。而後乃今願爲導師。導我也。遂下拜。靈異既著。

遂出家爲僧。易名惠空。常住一小寺。每猖狂大醉。負簣歌舞於街巷。號負簣和尙。所居寺因名夫蓋寺。乃簣之鄉言也。每入寺之井中。數月不出。因以師名名其井。每出有碧衣神童先湧。故寺僧以此爲候。旣出。衣裳不濕。晚年移止恒沙寺。(今迎日縣吾魚寺。諺云。恒沙人出世。故名恒沙洞。)時元曉撰諸經疏。每就師質疑。或相調戲。一日二公沿溪、掇魚蝦而啖之。放便於石上。公指之戲曰。汝屎吾魚。故因名吾魚寺。或人以此爲曉師之語。濫也。鄉俗訛呼其溪曰芼矣川。瞿昰公甞遊山。見公死僵於山路中。其屍膖脹。爛生虫蛆。悲嘆久之。及廻轡入城。見公大醉歌舞於市中。又一日將草索綯入靈廟寺。圍結於金堂與左右經樓及南門廊廡。告剛司。此索須三日後取之。剛司異焉而從之。果三日善德王駕幸入寺。志鬼心火出燒其塔。唯結索處獲免。又神印祖師明朗新創金剛寺。設落成會。龍象畢集。唯師不赴。朗即焚香虔禱。小遶公至。時方大雨。衣袴不濕。足不沾泥。謂明朗曰。辱召懃懃。故玆來矣。靈迹頗多。及終、浮空告寂。舍利莫知其數。嘗見肇論。曰。是吾昔所撰也。乃知僧肇之後有也。　讚曰。草原縱獵床頭臥。酒肆狂歌井底眠。隻履浮空何處去。一雙珍重火中蓮。

慈藏定律。

大德慈藏金氏。本辰韓眞骨蘇判(三級爵名)茂林之子。其父歷官淸要。絕無後胤。乃歸心三寶。造于千部觀音。希生一息。祝曰。若生男子。捨作法海津梁。母忽夢星墜入懷。因有娠。及誕、與釋尊同日。名善宗郎。神志澄睿。文思日贍。而無染世趣。早喪二親。轉厭塵譁。捐妻息。捨田園爲元寧寺。獨處幽險。不避狼虎。修枯骨觀。微或倦弊。乃作小室。周障荊棘。裸坐其中。動輒箴刺。頭懸在梁。以祛昏暝。適台輔有闕。門閥當議。累徵不赴。王乃勑曰。不就斬之。藏聞之曰。吾寧一日持戒而死。不願百年破戒而生。事聞。上許令出家。乃深隱岩叢。粮粒不恤。時有異禽。含菓來供。就手而喰。俄夢天人來授五戒。方始出谷。鄉邑士女。爭來受戒。藏自嘆邊生。西希大化。以仁平三年丙申歲(即貞觀十年也)受勅。與門人僧實等十餘輩西入唐。謁淸涼山。山有曼殊大聖塑相。彼國相傳云。帝釋天將工來彫也。藏於像前禱祈冥感。夢像摩頂授梵偈。覺而未解。及旦有異僧來釋云。(已出皇龍塔篇。)又曰。雖學萬敎。未有過此文。以袈裟舍利等付之而滅。(藏公初匿之。故唐僧傳不載。)藏知己蒙聖莂。乃下北臺。抵太和池。入京師。太宗勅使慰撫。安置勝光別院。寵賜頻厚。藏嫌其繁。擁啓表入終南雲際寺之東崿。架嵓爲室。居三年。人神受戒。靈應日錯。辭煩不載。既而再入京。又蒙勅慰。賜絹二百疋。用資衣費。貞觀十七年癸卯。本國善德王上表乞還。詔許引入宮。賜絹一領。雜綵五百端。東宮亦賜二百端。又多禮貺。藏以本朝經像未充。乞齎藏經一部。洎諸幡幢花蓋。堪爲福利者皆載之。既至。洎擧國欣迎。命住芬皇寺。(唐傳作王芬。)給侍稠渥。一夏請至宮中。講大乘論。又於皇龍寺演菩薩戒本。七日七夜。天降甘澍。雲霧暗靄。覆所講堂。四衆咸服其異。朝廷議曰。佛敎東漸。雖百千齡。其於住持修奉。軌儀闕如也。非夫綱理。無以肅清。啓勑藏爲大國統。凡僧尼一切規猷。總委僧統主之。(按北齊天寶中。國置十統。有司。奏宜甄異之。於是宣帝以法上法師爲大統。餘爲通統。又梁陳之間。有國統、州統、國都、州都、僧都、僧正、都維乃等名。總屬昭玄曹。曹即領僧尼官名。唐初又有十大德之盛。新羅眞興王十一年庚午。以安藏法師爲大書省、一人。又有小書省二人。明年辛未。以高麗惠亮法師爲國統。亦云寺主。寶良法師爲大都維那、一人。及州統九人。郡統十八人等。至藏更置大國統一人。蓋非常職也。亦猶夫禮郎爲大角干、金庾信大大角干。後至元聖大王元年。又置僧官名。政法典。以大舍一人、史二人、爲司。揀僧中有才行者爲之。有故即替。無定年限。故今紫衣之徒。亦律寺之別也。鄉傳云。藏入唐。太宗迎至式乾殿。請講華嚴。天降甘露。開爲國師云者妄矣。唐傳與國史皆無文。)藏値斯嘉會。勇激弘通。令僧尼五部各增舊學。半月說戒。冬春惣試。令知持犯。置員管、維持之。又遣巡使歷撿外寺。誡礪僧失。嚴飾經像。爲恒式。一代護法於斯盛矣。如夫子自衛返魯、樂正雅頌各得其宜。當此之際。國中之人。受戒奉佛。十室八九。祝髮請度。歲月增至。乃創通度寺、築戒壇、以度四來。(戒壇事已出上。)又改營生緣里第元寧寺。設落成會。講雜花萬偈。感五十二女。現身證聽。使門人植樹如其數。以旌厥異。因號知識樹。嘗以邦國服章不同諸夏。擧議於朝簽允曰臧。乃以眞德王三年己酉。始服中朝衣冠。明年庚戌又奉正朔。始行永徽號。自後每有朝覲。列在上蕃。藏之功也。暮年謝辭京輦，於江陵郡，(今溟州也)創水多寺居焉。復夢異僧，狀北臺所見。來告曰。明日見汝於大松汀。驚悸而起。早行至松汀。果感文殊來格。諮詢法要。乃曰。重期於太伯葛蟠地。遂隱不現。(松汀至今不生荊刺。亦不棲鷹鸇之類云。)藏往太伯山尋之。見巨蟒蟠結樹下。謂侍者曰。此所謂葛蟠地。乃創石南院。(今淨岩寺)以候聖降。粵有老居士。方袍襤褸。荷葛簣。盛死狗兒來。謂侍者曰。欲見慈藏來爾。門者曰。自奉山箒未見忤犯吾師諱者。汝何人斯爾狂言乎。居士曰。但告汝師。遂入告。藏不之覺曰。殆狂者耶。門人出詬逐之。居士曰。歸歟，歸歟，有我相者，焉得見我。乃倒簣拂之。狗變爲師子寶座。陞坐放光而去。藏聞之。方具威儀。尋光而趍登南嶺。已杳然不及。遂殞□而卒。荼毗安骨於石穴中。凡藏之締構寺塔十有餘所。每一興造必有異祥。故蒲塞供塡市。不日而成。藏之道具布襪，并太和龍所獻木鴨枕，與釋尊由衣等。合在通度寺。又巘陽縣(今彥陽)有鴨遊寺。枕鴨嘗於此現異。故名之。又有釋圓勝者。先藏西學。而同還桑梓。助弘律部云。

讃曰。曾向淸涼夢破廻。七篇三聚一時開。欲令緇素衣慚愧。東國衣冠上國裁。

元曉不羈。

聖師元曉。俗姓薛氏。祖仍皮公。亦云赤大公。今赤大淵側有仍皮公廟。父談捺乃末。初示生于押梁郡南、(今章山郡)佛地村北、栗谷裟羅樹下。村名佛地。或作發智村。(俚云弗等乙村。)裟羅樹者。諺云。師之家本住此谷西南。母既娠而月滿。適過此谷栗樹下。忽分產。而倉皇不能歸家。且以夫衣掛樹。而寢處其中。因號樹曰裟羅樹。其樹之實亦異於常。至今稱裟羅栗。古傳昔有主寺者。給寺奴一人、一夕饌栗二枚。奴訟于官。官吏怪之。取栗檢之。一枚盈一鉢。乃飯判給一枚。故因名栗谷。師既出家。捨其宅爲寺。名初開。樹之旁置寺曰裟羅。師之行狀云。是京師人。從祖考也。唐僧傳云。本下湘州之人。按麟德二年間。文武王割上州下州之地。置歃良州。則下州乃今之昌寧郡也。押梁郡本下州之屬縣。上州則今尙州。亦作湘州也。佛地村今屬慈仁縣。則乃押梁之所分開也。師生小名誓幢。第名新幢。(幢者俗云毛也。)初母夢流星入懷。因而有娠。及將產。有五色雲覆地。眞平王三十九年、大業十三年丁丑歲也。生而穎異。學不從師。其遊方始末。弘通茂跡。具載唐傳與行狀。不可具載。唯鄕傳所記有一二段異事。師嘗一日風顚唱街云。誰許沒柯斧。我斫支天柱。人皆未喩。時太宗聞之曰。此師殆欲得貴婦產賢子之謂爾。國有大賢。利莫大焉。時瑤石宮(今學院是也)有寡公主。勑宮吏覓曉引入。宮吏奉勑將求之。已自南山來過蚊川橋(沙川。俗云年川。又蚊川。又橋名楡橋也。)遇之。佯墮水中濕衣袴。吏引師於宮。褫衣曬晾。因留宿焉。公主果有娠。生薛聰。聰生而睿敏。博通經史。新羅十賢中一也。以方音通會華夷方俗物名。訓解六經文學。至今海東業明經者。傳受不絕。曉旣失戒生聰。已後易俗服。自號小姓居士。偶得優人舞弄大瓠。其狀瑰奇。因其形製爲道具。以華嚴經一切無㝵人、一道出生死命。名曰無㝵。仍作歌流于世。嘗持此。千村萬落且歌且舞。化詠而歸。使桑樞瓮牖玃猴之輩。皆識佛陁之號。咸作南無之稱。曉之化大矣哉。其生緣之村名佛地。寺名初開。自稱元曉者。蓋初輝佛日之意爾。元曉亦是方言也。當時人皆以鄉言稱之始旦也。曾住芬皇寺。纂華嚴疏。至第四十廻向品。終乃絕筆。又嘗因訟分軀於百松。故皆謂位階初地矣。亦因海龍之誘。承詔。於路上撰三昧經疏。置筆硯於牛之兩角上。因謂之角乘。亦表本始二覺之微旨也。大安法師排來而粘紙。亦知音唱和也。既入寂。聰碎遺骸。塑眞容。安芬皇寺。以表敬慕終天之志。聰時旁禮。像忽廻顧。至今猶顧矣。曉嘗所居穴寺旁、有聰家之墟云。　讚曰。角乘初開三昧軸。舞壺終掛萬街風。月明瑤石春眠去。門掩芬皇顧影空。廻顧至

義湘傳敎。

法師義湘。考曰韓信。金氏。年二十九依京師皇福寺落髮。未幾西圖觀化。遂與元曉道出遼東邊。戍邏之爲諜者。囚閉者累旬。僅免而還。事在崔侯本傳、及曉師行狀等。永徽初。會唐使舡有西還者。寓載入中國。初止楊州。州將劉至仁請留衙內。供養豊贍。尋往終南山至相寺謁智儼。儼前夕夢一大樹生海東。枝葉溥布。來蔭神州。上有鳳巢。登視之。有一摩尼寶珠。光明屬遠。覺而驚異。洒掃而待。湘乃至。殊禮迎際。從容謂曰。吾昨者之夢。子來投我之兆。許爲入室。雜花妙旨。剖析幽微。儼喜逢郢質克發新致。可謂鉤深索隱。藍茜沮本色。既而本國承相金欽純、一作仁問、良圖等。往囚於唐。高宗將大擧東征。欽純等密遣湘誘而先之。以咸亨元年庚午還國。聞事於朝。命神印大德明朗。假設密壇法禳之。國乃免。儀鳳元年。湘歸大伯山。奉朝旨創浮石寺。敷敞大乘。靈感頗著。終南門人賢首撰搜玄疏。送副本於湘處。幷奉書懃懇。曰。西京崇福寺僧法藏。致書於海東新羅華嚴法師侍者。一從分別二十餘年。傾望之誠豈離心首。加以烟雲萬里、海陸千重。恨此一身不復再面。抱懐戀戀。夫何可言。故由夙世同因、今生同業。得於此報。俱沐大經。特蒙先師授玆學典。仰承上人歸鄉之後。開演華嚴。宣揚法界。無㝵緣起。重重帝網。新新佛國。利益弘廣。喜躍增深。是知如來滅後。光輝佛日。再轉法輪。令法久住者。其唯法師矣。藏進趣無成。周旋寡況。仰念玆典。愧荷先師。隨分受持。不能捨離。希憑此業。用結來因。但以和尙章疏義豐文簡。致令後人多難趣入。是以錄和尙微言妙旨。勒成義記。近因勝詮法師抄寫還鄉。傳之彼土。請上人詳檢臧否。幸示箴誨。伏願當當來世。捨身受身。相與同於盧舍那。聽受如此無盡妙法。修行如此無量普賢願行。儻餘惡業。一朝顚墜。伏希上人不遺宿昔。在諸趣中。示以正道。人信之次。時訪存沒。不具。(文載大文類。)湘乃令十刹傳敎。太伯山浮石寺、原州毗摩羅、伽耶之海印、毗瑟之玉泉、金井之梵魚、南嶽華嚴寺等是也。又著法界圖書印幷略疏。括盡一乘樞要。千載龜鏡競所珍佩。餘無撰述。嘗鼎味一臠足矣。圖成總章元年戊辰。是年儼亦歸寂。如孔氏之絕筆於獲麟矣。世傳湘乃金山寶蓋之幻有也。徒弟悟眞、智通、表訓、眞定、眞藏、道融、良圓、相源、能仁、義寂等十大德爲領首。皆亞聖也。各有傳。眞、嘗處下柯山鶻嵓寺。每夜伸臂點浮石室燈。通、著錐洞記。蓋承親訓。故辭多詣妙。訓、曾住佛國寺。常往來天宮。 湘住皇福寺時。與徒衆繞塔。每步虛而上。不以階升。故其塔不設梯磴。其徒離階三尺。履空而旋湘乃顧謂曰。世人見此。必以爲怪。不可以訓世。餘如崔侯所撰本傳

讚曰。披榛跨海冒烟塵。至相門開接瑞珍。采采雜花我故國。終南太伯一般春。

蛇福不言。

京師萬善北里有寡女。不夫而孕。既產。年至十二歲不語。亦不起。因號蛇童。下或作蛇卜、又巴、又伏等。皆言童也。一日其母死。時元曉住高仙寺。曉見之迎禮。福

不答拜而曰。君我昔日馱經牸牛。今已亡矣。偕葬何如。曉曰諾。遂與到家。令曉布薩授戒。臨尸祝曰。莫生兮其死也苦。莫死兮其生也苦。福曰詞煩。更之曰。死生苦兮。二公轝歸活里山東麓。曉曰。葬智惠虎於智惠林中。不亦宜乎。福乃作偈曰。往昔釋迦牟尼佛。娑羅樹間入涅槃。于今亦有如彼者。欲入蓮花藏界寬。言訖拔茅莖。下有世界。晃朗清虛。七寶欄楯。樓閣莊嚴。殆非人間世。福負尸共入其地。奄然而合。曉乃還。後人爲創寺於金剛山東南。額曰道場寺。每年三月十四日。行占察會爲恒規。福之應世唯示此爾。俚諺多以荒唐之說託焉。可笑。　讚曰。淵默龍眠豈等閑。臨行一曲沒多般。苦兮生死元非苦。華藏浮休世界寬。

眞表傳簡。

釋眞表。完山州(今全州牧)萬頃縣人。(或作豆乃山縣。或作那山縣。今萬頃。古名豆乃山縣也。貫寧傳釋之鄉里。云金山縣人。以寺名及縣名混之也。)父曰眞乃末。母吉寶娘。姓井氏。年至十二歲。投金山寺崇濟法師講下。落彩請業。其師嘗謂曰。吾曾入唐。受業於善道三藏。然後入五臺。感文殊菩薩。現受五戒。表啓曰。勤修幾何得戒耶。濟曰。精至則不過一年。表聞師之言。遍遊名岳。止錫仙溪山不思議庵。該鍊三業。以亡身懺　初以七宵爲期。五輪撲石。膝腕俱碎。雨血嵓崖。若無聖應。決志捐捨。更期七日。二七日終。見地藏菩薩。現受淨戒。即開元二十八年庚辰三月十五日辰時也。時齡二十餘三矣。然志存慈氏。故不敢中止。乃移靈山寺。(一名邊山。又楞伽山。)又懃勇如初。果感彌力。現授占察經兩卷、(此經乃陳隋間外國所譯。非今始出也。慈氏以經授之耳。)并證果簡子一百八十九介。謂曰。於中第八簡子喩新得妙戒。第九簡子喩增得具戒。斯二簡子是我手指骨。餘皆沉檀木造。喩諸煩惱。汝以此傳法於世。作濟人津筏。表既受聖莂。來住金山。每歲開壇。恢張法施。壇席精嚴。末季未之有也。風化既周。遊涉到阿瑟羅州。島嶼間魚鼈成橋。迎入水中。講法受戒。即天寶十一載壬辰二月望日也。或本云元和六年。誤矣。元和在憲德王代。(去聖德幾七十年矣。)景德王聞之。迎入宮闥。受菩薩戒。嚫租七萬七千石。椒庭列岳皆受戒品。施絹五百端、黃金五十兩。皆容受之。分施諸山。廣興佛事。其骨石今在鉢淵寺。即爲海族演戒之地。得法之袖領。曰永深、寶宗、信芳、体珎、珎海、眞善、釋忠等。皆爲山門祖。深則眞傳簡子。住俗離山。爲克家子。作壇之法。與占察六輪稍異。修如山中所傳本規。按唐僧傳云。開皇十三年。廣州有僧行懺法。以皮作帖子二枚。書善惡兩字。令人擲之。得善者吉。又行自撲懺法。以爲滅罪。而男女合匝。妄承密行。青州接響。同行官司撿察。謂是妖妄。彼云。此搭懺法依占察經。撲懺法。依諸經。中五體投地。如大山崩。時以奏聞。乃勑內史侍郎李元撰。就大興寺問諸大德。有大沙門法經、彥琮等。對曰。占察經見有兩卷。首題菩提登在外國譯文。似近代所出。亦有寫而傳者。檢勘群錄。並無正名譯人時處。搭懺與衆經復異。不可依行。因勑禁之。今試論之。青州居士等搭懺等事。如大儒以詩書發塚。可謂畫虎不成類狗者矣。佛所預防。正爲此爾。若曰占察經無譯人時處。爲可疑也。是亦擔痲棄金也。何則詳彼經文。乃悉壇深密。洗滌穢瑕。激昻懶夫者。莫如茲典。故亦名大乘懺。又云。出六根聚中。開元貞元二釋教錄中編入正藏。雖外乎性宗。其相教大乘殆亦優矣。豈與搭撲二懺同日而語哉。如舍利佛問經。佛告長者子邠若多羅曰。汝可七日七夜悔汝先罪。皆使清淨。多羅奉敎。日夜懇惻。至第五夕。於其室中雨種種物。若巾若帊若拂箒若刀錐斧等。墮其目前。多羅歡喜問於佛。佛言是離塵之相。割拂之物也。據此。則與占察經擲輪得相之事奚以異哉。乃知表公翹懺得簡。聞法見佛。可謂不誣。況此經若僞妄。則慈氏何以親授表師。又此經如可禁。舍利問經亦可禁乎。琮輩可謂攫金不見人。讀者詳焉。

讚曰。現身澆季激慵聾。靈岳仙溪感應通。莫謂翹懃傳搭懺。作橋東海化魚龍。

關東楓岳鉢淵藪石記(此記乃寺主瑩岑所撰。承安四年己未立石。)

眞表律師。全州碧骨郡都那山村大井里人也。年至十二、志求出家。父許之。師往金山藪順濟法師處容染。濟授沙彌戒法傳敎供養次第秘法一卷、占察善惡業報經二卷。曰、汝持此戒法於彌勒地藏兩聖前。懇求懺悔。親受戒法。流傳於世。師奉敎辭退。遍歷名山。年已二十七歲。於上元元年庚子。蒸二十斗米。乃乾爲粮。詣保安縣。入邊山不思議房。以五合米爲一日費。除一合米養鼠。師勤求戒法於彌勒像前。三年而未得授記。發憤捨身嵓下。忽有靑衣童。手捧而置石上。師更發志願。約三七日。日夜勤、修。扣石懺悔。至三日手臂折落。至七日夜、地藏菩薩手搖金錫來爲加持。手臂如舊。菩薩遂與袈裟及鉢。師感其靈應。倍加精進。滿三七日。即得天眼。見兜率天衆來儀之相。於是地藏慈氏現前。慈氏磨師頂曰。善哉大丈夫。求戒如是。不惜身命。懇求懺悔。地藏授與戒本。慈氏復與二栍。一題曰九者。一題八者。告師曰。此二簡子者。是吾手指骨。此喩始本二覺。又九者法爾。八者新熏成佛種子。以此當知果報。汝捨此身受大國王身。後生於兜率。如是語已。兩聖即隱。時壬寅四月二十七日也。師受敎法。已欲創金山寺。下山而來。至大淵津。忽有龍王。出獻玉袈裟。將八萬眷屬侍。往金山藪。四方子來。不日成之。復感慈氏。從兜率駕雲而下。與師受戒法。師勸檀緣。鑄成彌勒丈六像。復畫下降受戒威儀之相於金堂南壁。 於甲辰六月九日鑄成。丙午五月一日安置金堂。是歲大曆元年也。師出金山。向俗離山。路逢駕牛乘車者。其牛等向師前。跪膝而泣。乘車人下問。何故此牛等見和尙泣耶。和尙從何而來。師曰。我是金山藪眞表僧。予曾入邊山不思議房。於彌勒地藏兩聖前。親受戒法眞栍。欲覓創寺鎭長修道之處。故來爾。此牛等外愚內明。知我受戒法爲重法。故跪膝而泣。其人聞已。乃曰。畜生尙有如是信心。況我爲人。豈無心乎。即以手執鎌。自斷頭髮。師以悲心。更爲祝髮受戒。行至俗離山。洞裏見吉祥草所生處而識之。還向溟州海邊。徐行次有魚鼈黿鼉等類。出海向師前。綴身如陸。師踏而入海。唱念戒法還出。行至高城郡。入皆骨山。始創鉢淵藪。開占察法會。住七年。時溟州界年穀不登。人民飢饉。師爲說戒法。人人奉持。致敬三寶。俄於高城海邊。有無數魚類。自死而出。人民賣此爲食得免死。師出鉢淵。復到不思議房。然後往詣家邑謁父。或到眞門大德房居住。時俗離山大德永深、與大德融宗、佛陁等同詣律師所。伸請曰。我等不遠千里來求戒法。願授法門。師默然不答。三人者乘桃樹上。倒墮於地。勇猛懺悔。師乃傳敎灌頂。遂與袈裟及鉢、供養次第秘法一卷、日察善惡業報經二卷、一百八十九栍。復與彌勒眞栍九者八者。誡曰。九者法爾。八者新熏成佛種子。我已付囑汝等。持此還歸俗離山。山有吉祥草生處。於此創立精舍。依此敎法。廣度人天。流布後世。永深等奉敎。直往俗離。尋吉祥草生處。創寺名曰吉祥。永深於此始設占察法會。律師與父復到鉢淵。同修道業而終孝之。師遷化時。登於寺東大巖上示滅。弟子等不動眞體而供養。至于骸骨散落。於是以土覆藏。乃爲幽宮。有青松即出。歲月久遠而枯。復生一樹。後更生一樹。其根一也。至今雙樹存焉。凡有致敬者。松下覓骨。或得或不得。予恐聖骨堙滅。丁巳九月。特詣松下。拾骨盛筒。有三合許。於大嵓上雙樹下。立石安骨焉云云。此錄所載眞表事跡。與鉢淵石記。互有不同。故删取瑩岑所記而載之。後賢宜考之。無極記。

勝詮髑髏。

釋勝詮。未詳其所自也。常附舶指中國。詣賢首國師講下。領受玄言。研微積慮。惠鑒超穎。探賾索隱。妙盡隅粵。思欲赴感有緣。當還國里。始賢首與義湘同學。俱禀儼和尚慈訓。首就於師說。演述義科。因詮法師還鄉寄示。湘仍寓書云云。別幅云。探玄記二十卷。兩卷未成。教分記三卷。玄義章等雜義一卷。華嚴梵語一卷。起信疏兩卷。十二門疏一卷。法界無差別論疏一卷。並因勝詮法師抄寫還鄉。頃新羅僧孝忠遺金九分。云是上人所寄。雖不得書。項荷無盡。今附西國軍。特澡灌一口。用表微誠。幸願撿領。謹宣。師既還。寄信于義湘。湘乃目閱藏文。如耳聆儼訓。探討數旬。而授門弟子。廣演斯文。語在湘傳。按此圓融之教誨。遍洽于青丘者。寔師之功也。厥後有僧梵修。遠適彼國。求得新譯後分華嚴經。觀師義疏。言還流演。時當貞元己卯。斯亦求法洪揚之流乎。詮乃於尙州領內開寧郡境。開創精廬。以石髑髏爲官屬。開講華嚴。新羅沙門可歸頗聰明識道理。有傳燈之續。乃撰心源章。其畧云。勝詮法師領石徒衆。論議講演。今葛項寺也。其髑髏八十餘枚。至今爲綱司所傳。頗有靈異。其他事迹具載碑文。如大覺國師實錄中。

心地繼祖。

釋心地。辰韓第四十一主憲德大王金氏之子也。生而孝悌。天性冲睿。志學之年。落采從師。拳懃于道。寓止中岳。今公山。適聞俗離山深公傳表律師佛骨簡子、設果訂法會。決意披尋。旣至。後期不許參例。乃席地扣庭。隨衆禮懺。經七日。天大雨雪。所立地方十尺許。雪飃不下。衆見其神異。許引入堂地。撝謙稱恙。退處房中。向堂潛禮。肘顙俱血。類表公之仙溪山也。地藏菩薩日來問慰。洎席罷還山。途中見二簡子貼在衣褶間。持廻告於深。深曰。簡在函中。那得至此。檢之封題依舊。開視亡矣。深深異之。重襲而藏之。又行、如初。再廻告之。深曰。佛意在子。子其奉行。乃授簡子。地頂戴敀山。岳神率一仙子。迎至山椒。引地坐於嵓上。敀伏嵓下。謹受正戒。地曰。今將擇地奉安聖簡。非吾輩所能指定。請與三君憑高擲簡以卜之。乃與神等陟峰巓。向西擲之。簡乃風颺而飛。時神作歌曰。

礙嵓遠退砥平兮。落葉飛散生明兮。
覔得佛骨簡子兮。邀於淨處投誠兮。

旣唱而得簡於林泉中。即其地構堂安之。今桐華寺籤堂北有小井是也。本朝睿王嘗取迎聖簡。致內瞻敬。忽失九者一簡。以牙代之。送還本寺。今則漸變同一色。難卞新古。其質乃非牙非玉。按占察經上卷。叙一百八十九簡名。一者求上乘得不退。二者所求果現當證。第三第四求中下乘不退。五者求神通得成就。六者修四梵得成就。七者修世禪得成就。八者所欲受得妙戒。九者所曾受得戒具。（以此文訂、知慈氏所言。新得戒者、謂今生始得戒也。舊得戒者、謂過去曾受、今又增受也。非謂修生本有之新舊也。）十者求下乘未住信。次求中乘未住信。如是乃至一百七十二。皆過現世中、或善或惡、得失事也。第一百七十三者捨身已入地獄。（已上皆未來之果也。）一百七十四者死已作畜生。如是乃至餓鬼、修羅、人、人王、天、天王、聞法、出家、値聖僧、生兜率、生淨土、尋見佛、住下乘、住中乘、住上乘、得解脫第一百八十九等是也。（上言住下乘至上乘得不退。今言上乘得解脫等。以此爲別爾。）皆三世善惡果報差別之相。以此占看得與心所行事。相當則爲感應。否則爲不至。心名爲虛謬。則此八、九二簡。但從百八十九中而來者也。而宋傳但云。百八籤子。何也。恐認彼百八煩惱之名而稱之。不揆尋經文爾。又按本朝文士金寬毅所撰王代宗錄二卷云。羅末新羅大德釋冲、獻太祖以表律師袈裟一領戒簡百八十九枚。今與桐華寺所傳簡子。未詳同異。

讚曰。生長金閨早脫籠。儉懃聰惠自天鍾。滿庭積雪偸神簡。來放桐華最上峰

賢瑜珈。海華嚴。

瑜珈祖大德大賢住南山茸長寺。寺有慈氏石丈六。賢常旋繞像亦隨賢轉面。賢惠辯精敏。決擇了然。大抵相宗銓量。旨理幽深。難爲剖析。中國名士白居易嘗窮之未能。乃曰。唯識幽難破。因明擘不開。是以學者難承稟者尙矣。賢獨刊定邪謬。暫開幽奧。恢恢游刃。東國後進咸遵其訓。中華學士往往得此爲眼目。景德王天寶十二年癸巳夏大旱。詔入內殿。講金光經。以祈甘霔。一日齋次。展鉢良久。而淨水獻遲。監吏詰之。供者曰。宮井枯涸。汲遠故遲爾。賢聞之曰。何不早云。及晝講時。捧爐默然。斯須井水湧出。高七丈許。與刹幢齊。闔宮驚駭。

因名其井曰金光井。賢嘗自號青丘沙門。　讚曰。遶佛南山像逐旋。青丘佛日再中懸。解敎宮井淸波湧。誰識金爐一炷烟。　明年甲午夏。王又請大德法海於皇龍寺。講華嚴經。駕幸行香。從容謂曰。前夏大賢法師講金光經。井水湧七丈。此公法道如何。海曰。特爲細事。何足稱乎。直使傾滄海、襄東岳、流京師。亦非所難。王未之信。謂戲言爾。至午講引爐沉寂。須臾內禁忽有哭泣聲。宮吏報曰。東池已溢。漂流內殿五十餘間。王罔然自失。海笑謂之曰。東海欲傾。水脉先漲爾。王不覺興拜。翌日感恩寺奏。昨日午時海水漲溢。至佛殿階前。晡時而還。王益信敬之。　讚曰。法海波瀾法界寬。四海盈縮未爲難。莫言百億須彌大。都在吾師一指端。石海云。

三國遺事卷第四。

三國遺事卷第五。

國尊曹溪宗迦智山下麟角寺住持圓鏡冲照大禪師一然撰。

神呪第六。

密本摧邪。

善德王德曼遘疾彌留。有興輪寺僧法惕。應詔侍疾。久而無効。時有密本法師。以德行聞於國。左右請代之。王詔迎入內。本在宸仗外。讀藥師經。卷軸纔周。所持六環飛入寢內。刺一老狐與法惕。倒擲庭下。王疾乃瘳。時本頂上發五色神光。覩者皆驚。又承相金良圖爲阿孩時。忽口噤體硬。不言不遂。每見一大鬼率群小鬼來。家中几有盤肴。皆啖嘗之。巫覡來祭。則群聚而爭侮之。圖雖欲命撤。而口不能言。家親請法流寺僧亡名來轉經。大鬼命小鬼。以鐵槌打僧頭。仆地嘔血而死。隔數日。遣使邀本。使還言。本法師受我請將來矣。衆鬼聞之皆失色。小鬼曰。法師至將不利。避之何幸。大鬼侮慢自若曰。何害之有。俄而有四方大力神。皆屬金甲長戟。來捉群鬼而縛去。次有無數天神。環拱而待。須更本至。不待開經。其疾乃治。語通身解。具說件事。良圖因此篤信釋氏。一生無怠。塑成興輪寺吳堂主彌陁尊像、左右菩薩。并滿金畫其堂。本嘗住金谷寺。又金庾信嘗與一老居士交厚。世人不知其何人。于時公之戚秀天久染惡疾。公遣居士診衛。適有秀天之舊、名因惠師者。自中岳來訪之。見居士而慢侮之曰。相汝形儀、邪佞人也。何得理人之疾。居士曰。我受金公命。不獲已爾。惠曰。汝見我神通。乃奉爐呪香。俄頃五色雲施遶頂上。天花散落。士曰。和尙通力不可思議。弟子亦有拙技。請試之。願師乍立於前。惠從之。士彈指一聲。惠倒迸於空。高一丈許。良久徐徐倒下。頭卓地。屹然如植橛。旁人推挽之。不動。士出去。惠猶倒卓達曙。明日秀天使和於金公。公遣居士往救。乃解。因惠不復賣技。

讚曰。紅紫紛紛幾亂朱。堪嗟魚目誑愚夫。不因居士輕彈指。多小巾箱襲碔砆。

惠通降龍。

釋惠通。氏族未詳。白衣之時。家在南山西麓銀川洞之口。(今南澗寺東里。)一日遊舍東溪上。捕一獺屠之。弃骨園中。詰旦亡其骨。跡血尋之。骨還舊穴。抱五兒而蹲。郎望見驚異久之。感嘆躕躇。便弃俗出家。易名惠通。往唐謁無畏三藏請業。藏曰。嵎夷之人豈堪法器。遂不開授。通不堪輕謝去。服勤三載。猶不許。通乃憤悱立於庭。頭戴火盆。須臾頂裂聲如雷。藏聞來視之。撤火盆。以指按裂處。誦神咒。瘡合如平日。有瑕如王字文。因號王和尚。深器之。傳印訣。時唐室有公主疾病。高宗請救於三藏。擧通自代。通受敎別處。以白豆一斗。咒銀器中。變白甲神兵。逐祟不克。又以黑豆一斗。咒金器中。變黑甲神兵。令二色合逐之。忽有蛟龍走出。疾遂瘳。龍怨通之逐己也。來本國文仍林。害命尤毒。是時鄭恭奉使於唐。見通而謂曰。師所逐毒龍歸本國害甚。速去除之。乃與恭以麟德二年乙丑還國而黜之。龍又怨恭。乃托之柳。生鄭氏門外。恭不之覺。但賞其葱密。酷愛之。及神文王崩。孝昭卽位。修山陵。

除葬路。鄭氏之柳當道。有司欲伐之。恭恚曰。寧斬我頭。莫伐此樹。有司奏聞。王大怒。命司寇曰。鄭恭恃王和尙神術。將謀不遜。侮逆王命。言斬我頭。宜從所好。乃誅之。坑其家。朝議。王和尙與恭甚厚。應有忌嫌。宜先圖之。乃徵甲尋捕。通在王望寺。見甲徒至。登屋、携砂瓶、硏朱筆。而呼曰。見我所爲。乃於瓶項抹一畫曰。爾輩宜各見項。視之、皆朱畫。相視愕然。又呼曰。若斷瓶項。應斷爾項如何。其徒奔走。以朱項赴王。王曰。和尙神通。豈人力所能圖。乃捨之。王女忽有疾。詔通治之。疾愈。王大悅。通因言。恭被毒龍之汚濫膺國刑。王聞之心悔。乃免恭妻孥。拜通爲國師。龍旣報寃於恭。往機張山爲熊神。慘毒滋甚。民多梗之。通到山中。諭龍授不殺戒。神害乃息。初神文王發疽背。請候於通。通至。呪之立活。乃曰。陛下曩昔爲宰官身。誤決臧人信忠爲隸。信忠有怨。生生作報。今玆惡疽亦信忠所祟。宜爲忠創伽藍。奉冥祐以解之。王深然之。創寺號信忠奉聖寺。寺成。空中唱云。因王創寺。脫苦生天。怨已解矣。(或本載此事於眞表傳中。誤。)因其唱地、置折怨堂。堂與寺今存。先是密本之後有高僧明朗。入龍宮得神印。(梵云文豆婁。此云神印。)祖創神遊林。(今天王寺。)屢禳隣國之寇。今和尙傳無畏之髓。遍歷塵寰。救人化物。兼以宿命之明。創寺雪怨。密敎之風。於是乎大振。天磨之總持嵓、母岳之呪錫院等皆其流裔也。或云。通俗名尊勝角干。角干乃新羅之宰相峻級。未聞通歷仕之迹。或云。射得豺狼。皆未詳。

讚曰。山桃溪杏映籬斜。一徑春深兩岸花。賴得郞君閑捕獺。盡敎魔外遠京華。

明朗神印。

按金光寺本記云。師挺生新羅。入唐學道。將還。因海龍之請。入龍宮。傳秘法。施黃金千兩。(一云千斤。)潛行地下。湧出本宅井底。乃捨爲寺。以龍王所施黃金飾塔像。光曜殊特。因名金光焉。(僧傳作金羽寺。誤。)師諱明朗。字國育。新羅沙干才良之子。母曰南澗夫人。或云法乘娘。蘇判茂林之子金氏。則慈藏之妹也。三息。長曰國敎大德。次曰義安大德。師其季也。初母夢呑青色珠而有娠。善德王元年、入唐。貞觀九年乙未、來歸。總章元年戊辰。唐將李勣統大兵。合新羅、滅高麗。後餘軍留百濟。將襲滅新羅。羅人覺之。發兵拒之。高宗聞之赫怒。命薛邦、興師將討之。文武王聞之懼。請師開秘法禳之。事在文武王傳中。因茲爲神印宗祖。及我太祖創業之時。亦有海賊來擾。乃請安惠、朗融之裔廣學、大緣等二大德。作法禳鎭。皆朗之傳系也。故并師而上至龍樹爲九祖。本寺記三師爲律祖。未詳。又太祖爲創現聖寺。爲一宗根柢焉。又新羅京城東南二十餘里有遠源寺。諺傳。安惠等四大德、與金庾信、金義元、金述宗等同願所創也。四大德之遺骨皆藏寺之東峰。因號四靈山祖師嵓云。則四大德皆羅時高德。按㺿白寺柱貼注脚載。慶州戶長巨川母阿之女。女母明珠女。女母積利女之子廣學大德、大緣三重古名善會。昆季二人。皆投神印宗。以長興二年辛卯。隨太祖上京。隨駕焚修。賞其勞。給二人父母忌日寶于㺿白寺。田畓若干結云云。則廣學、大緣二人。隨聖祖入京者。安師等。乃與金庾信等創遠源寺者也。廣學等二人骨亦來安于茲爾。非四德皆創遠源皆隨聖祖也。詳之。

感通第七。

仙桃聖母隨喜佛事。

眞平王朝。有比丘尼名智惠。多賢行。住安興寺。擬新修佛殿而力未也。夢一女仙風儀婥約。珠翠飾鬟。來慰曰。我是仙桃山神母也。喜汝欲修佛殿。願施金十斤以助之。宜取金於予座下。粧點主尊三像。壁上繪五十三佛、六類聖衆、及諸天神、五岳神君。(羅時五岳。謂東吐含山、南智異山、西雞龍、北太伯、中父岳亦云公山也。)每春秋二季之十日。叢會善男善女。廣爲一切含靈。設占察法會。以爲恒規。(本朝屈弗池龍託夢於帝。請於靈鷲山長開藥師道場。平海途。其事亦同。)惠乃驚覺。率徒往神祠座下。堀得黃金一百六十兩。克就乃功。皆依神母所諭。其事唯存。而法事廢矣。神母本中國帝室之女。名娑蘇。早得神仙之術。歸止海東。久而不還。父皇寄書繫足云。隨鳶所止爲家。蘇得書放鳶。飛到此山而止。

遂來宅爲地仙。故名西鳶山神母。久據玆山。鎭祐邦國。靈異甚多。有國已來。常爲三祀之一。秩在群望之山。第五十四景明王好使鷹。嘗登此放鷹而失之。禱於神母曰。若得鷹。當封爵。俄而鷹飛來止机上。因封爵大王焉。其始到辰韓也。生聖子爲東國始君。蓋赫居、閼英二聖之所自也。故稱雞龍、雞林、白馬等。雞屬西故也。嘗使諸天仙織羅、緋染作朝衣。贈其夫。國人因此始知神驗。又國史史臣曰。軾政和中嘗奉使入宋。詣佑神館。有一堂設女仙像。館伴學士王黼曰。此是貴國之神。公知之乎。遂言曰。古有中國帝室之女。泛海抵辰韓生子。爲海東始祖。女爲地仙。長在仙桃山。此其像也。又大宋國使王襄到我朝。祭東神聖母 文有娠賢肇邦之句。今能施金奉佛。爲含生開香火作津梁。豈徒學長生而囿於溟濛者哉。 讚曰。來宅西鳶幾十霜。招呼帝子織霓裳。長生未必無生異。故謁金仙作玉皇。

郁面婢念佛西昇。

景德王代。康州(今晉州。一作剛州。則今順安。)善士數十人志求西方。於州境創彌陁寺。約万日爲契。時有阿干貴珍家一婢名郁面。隨其主歸寺。立中庭。隨僧念佛。主憎其不職。每給穀二碩。一夕舂之。婢一更舂畢。歸寺念佛。(俚言己事之忙、大家之舂促。蓋出乎此。)日夕微怠。庭之左右竪立長橛。以繩穿貫兩掌。繫於橛上合掌。左右遊之激勵焉。時有天唱於空。郁面娘入堂念佛。寺衆聞之。勸婢入堂。隨例精進。未幾天樂從西來。婢湧透屋樑而出。西行至郊外。捐骸變現眞身。坐蓮臺放大光明。緩緩而逝。樂聲不徹空中。其堂至今有透穴處云。(已上鄉傳。)按僧傳。棟梁八珍者觀音應現也。結徒有一千。分明爲二。一勞力。一精修。彼勞力中知事者、不獲戒、墮畜生道。爲浮石寺牛。嘗馱經而行。賴經力轉爲阿干貴珍家婢。名郁面。因事至下柯山。感夢遂發道心。阿干家距惠宿法師所創彌陁寺不遠。阿干每至其寺念佛。婢隨往。在庭念佛云云。如是九年。歲在乙未正月二十一日。禮佛撥屋梁而去。至小伯山墮一隻履。就其地爲菩提寺。至山下弃其身。卽其地爲二菩提寺。榜其殿曰。勗面登天之殿。屋脊穴成十許圍。雖暴雨密雪不霑濕。後有好事者。範金塔一座。直其穴。安承塵上。以誌其異。今榜塔尙存。勗面去後。貴珎亦以其家異人托生之地捨爲寺。曰法王。納田民。久後廢爲丘墟。有大師懷鏡。與承宣劉碩、小卿李元長。同願重營之。鏡躬事土木。始輸材。夢老父遺麻葛屨各一。又就古神社。諭以佛理。斫出祠側材木。凡五載告畢。又加臧獲。蔚爲東南名藍。人以鏡爲貴珎後身。　議曰。按鄕中古傳。郁面乃景德王代事也。據徵（徵字疑作珎。下亦同。）本傳。則元和三年戊子哀莊王時也。景德後歷惠恭、宣德、元聖、昭聖、哀莊等五代。共六十餘年也。徵先、面後。與鄕傳乖違。然兩存之闕疑。讃曰。　西隣古寺佛燈明。舂罷歸來夜二更。自許一聲成一佛。掌穿繩子直忘形。

廣德。　嚴莊。

文武王代。有沙門名廣德、嚴莊。二人友善。日夕約曰。先歸安養者須告之。德隱居芬皇西里。或云。皇龍寺有西去房。未知孰是。蒲鞋爲業。挾妻子而居。莊庵栖南岳。大種力耕。一日。日影拖紅。松陰靜暮。窓外有聲。報云。某已西往矣。惟君好住。速從我來。莊排闥而出顧之。雲外有天樂聲。光明屬地。明日歸訪其居。德果亡矣。於是乃與其婦收骸。同營蒿里。旣事。乃謂婦曰。夫子逝矣。偕處何如。婦曰可。遂留夜宿。將欲通焉。婦靳之曰。師求淨土。可謂求魚緣木。莊驚恠問曰。德旣乃爾。予又何妨。婦曰。夫子與我同居十餘載。未嘗一夕同床而枕。況觸汚乎。但每夜端身正坐。一聲念阿彌陁佛號。或作十六觀。觀旣熟。明月入戶。時昇其光。加趺於上。竭誠若此。雖欲勿西奚往。夫適千里者、一步可規。今師之觀可云東矣。西則未可知也。莊愧赧而退。便詣元曉法師處。懇求津要。曉作錚觀法誘之。藏於是潔己悔責。一意修觀。亦得西昇。錚觀在曉師本傳與海東僧傳中。其婦乃芬皇寺之婢。蓋十九應身之一。德嘗有歌云。

月下伊底亦　西方念丁去賜里遣　無量壽佛前乃　惱

叱古音(鄉言云報言也)。多可支白遣賜立　誓音深史隱尊衣希仰支　兩手集刀花乎白良願往生願往生　慕人有如白遣賜立阿邪　此身遺也置遣　四十八大願成遣賜去。

憬興遇聖。

神文王代。大德憬興。姓水氏。熊川州人也。年十八出家。遊쮠三藏。望重一時。開耀元年。文武王將昇遐。顧命於神文曰。憬興法師可爲國師。不忘朕命。神文即位。曲爲國老。住三郎寺。忽寢疾彌月。有一尼來謁候之。以華嚴經中善友原病之說。爲言曰。今師之疾。憂勞所致。喜笑可治。乃作十一樣面貌。各作俳諧之舞。巉巖成削。變態不可勝言。皆可脫頤。師之病不覺洒然。尼遂出門。乃入南巷寺(寺在三郎寺南。)而隱。所將杖子在幀畫十一面圓通像前。一日將入王宮。從者先備於東門之外。鞍騎甚都。靴笠斯陳。行路爲之辟易。一居士(一云沙門。)形儀疎舉。手杖背筐來。憩于下馬臺上。視筐中乾魚也。從者呵之曰。爾着緇。奚負觸物

耶。僧曰。與其挾生肉於兩股間。背負三市之枯魚。有何所嫌。言訖起去。興方出門。聞其言。使人追之。至南山文殊寺之門外。抛筐而隱。杖在文殊像前。枯魚乃松皮也。使來告。興聞之嘆曰。大聖來戒我騎畜爾。終身不復騎。興之德馨遺味、備載釋玄本所撰三郎寺碑。嘗見普賢章經、彌勒菩薩言。我當來世生閻浮提。先度釋迦末法弟子。唯除騎馬比丘。不得見佛。可不警哉。讃曰。　昔賢垂範意彌多。胡乃兒孫莫切瑳。背底枯魚猶可事。那堪他日負龍華。

眞身受供。

長壽元年壬辰。孝昭即位。始創望德寺。將以奉福唐室。後景德王十四年。望德寺塔戰動。是年有安史之亂。羅人云。爲唐室立茲寺。宜其應也。八年丁酉。設落成會。王親駕辦供。有一比丘。儀彩疎陋。局束立於庭。請曰。貧道亦望齋。王許赴床杪。將罷。王戲調之曰。住錫何所。僧曰琵琶嵓。王曰。此去莫向人言赴國王親供之齋。僧笑答曰。陛下亦莫與人言供養眞身釋迦。言訖。湧身凌空。向南而行。王驚愧馳上東岡。向方遙禮。使往尋之。到南山參星谷。或云。大磧川源。石上置錫鉢而隱。使來復命。遂創釋迦寺於琵琶嵓下。創佛無寺於滅影處。分置錫鉢焉。二寺至今存。錫鉢亡矣。智論第四云。昔有罽賓三藏。行阿蘭若法。至一王寺。寺設大會。守門人見其衣服麁弊。遮門不前。如是數數。以衣弊故。每不得前。便作方便。假借好衣而來。門人見之。聽前、不禁。既獲詣坐。得種種好食。先以與衣。衆人問言何以爾乎。答曰。我比數來。每不得入。今以衣故、得此座。得種種食。宜以與衣爾。事可同按。

讃曰。　燃香擇佛看新繪。辦供齋僧喚舊知。從此琵琶嵓上月。時時雲掩到潭遲。

月明師兜率歌。

景德王十九年庚子四月朔。二日並現。挾旬不滅。日官奏。請緣僧作散花功德。則可禳。於是潔壇於朝元殿。駕幸靑陽樓。望緣僧。時有月明師。行于阡陌時之南路。王使召之。命開壇作啓。明奏云。臣僧但屬於國仙之徒。只解鄕歌。不閑聲梵。王曰。旣卜緣僧。雖用鄕歌可也。明乃作兜率歌賦之。其詞曰。　今日此矣散花唱良巴寶白乎隱花良汝隱　直等隱心音矣命叱使以惡只　彌勒座主陪立羅良。　解曰。　龍樓此日散花歌。挑送青雲一片花。殷重直心之所使。遠邀兜率大僊家。　今俗謂此爲散花歌。誤矣。宜云兜率歌。別有散花歌。文多不載。旣而日恠即滅。王嘉之。賜品茶一襲、水精念珠百八箇。忽有一童子。儀形鮮潔。跪奉茶珠。從殿西小門而出。明謂是內宮之使。王謂師之從者。及玄徵而俱非。王甚異之。使人追之。童入內院塔中而隱。茶珠在南壁畫慈氏像前。知明之至德與至誠、能昭假于至聖也如此。朝野莫不聞知。王益敬之。更贐絹一百疋。以表鴻誠。明又嘗爲亡妹營齋。作鄕歌祭之。忽有驚颷吹紙錢。飛擧向西而沒。　歌曰。

生死路隱　此矣有阿米次肹伊遣　吾隱去內如辭叱都　毛如

云遺去內尼叱古　於內秋察早隱風未　此矣彼矣浮良落尸葉
如一等隱枝良出古　去奴隱處毛冬乎丁　阿也　彌陁刹良逢
乎吾道修良待是古如。　明常居四天王寺。善吹笛。嘗月夜吹過門
前大路。月馭爲之停輪。因名其路曰月明里。師亦以是著名。師即能
俊大師之門人也。羅人尚鄉歌者尚矣。蓋詩頌之類歟。故往往能感
動天地鬼神者非一。　讃曰。　風送飛錢資逝妹。笛搖明月住姮娥。
莫言兜率連天遠。萬德花迎一曲歌。

善律還生。

望德寺僧善律。施錢欲成六百般若。功未周。忽被陰府所追至冥司。
問曰。汝在人間作何業。律曰。貧道暮年欲成大品經。功未就而來。司
曰。汝之壽籙雖盡。勝願　宜復人間畢成寶典。乃放還。途中有一
女子。哭泣拜前曰。我亦南閻州新羅人。坐父母陰取金剛寺水田一
畝。被冥府追檢。久受重苦。今師若還古里。告我父母速還厥田。妾之

在世。胡麻油埋於床下。幷藏緻密布於寢褥間。願師取吾油點佛燈。貨其布爲經幅。則黃川亦恩。庶幾脫我苦惱矣。律曰。汝家何在。曰。沙梁部久遠寺西南里也。律聞之方行。乃蘇。時律死已十日。葬于南山東麓。在塚中呼三日。牧童聞之來告於本寺。寺僧歸發塚出之。具說前事。又訪女家。女死隔十五年。油布宛然。律依其諭作冥福。女來魂報云。賴師之恩。妾已離苦得脫矣。時人聞之莫不驚感。助成寶典。其經秩今在東都僧司藏中。每年春秋。披轉禳災焉。 讚曰。 堪羨吾師仗勝緣。魂遊却返舊林泉。爺孃若問兒安否。爲我催還一畝田。

金現感虎。

新羅俗每當仲春。初八至十五日。都人士女。競遶興輪寺之殿塔爲福會。元聖王代。有郎君金現者。夜深獨遶不息。有一處女念佛隨遶。相感而目送之。遶畢。引入屛處通焉。女將還。現從之。女辭拒而强隨之。行至西山之麓。入一茅店。有老嫗。問女曰。附率者何人。女陳其情。

嫗曰。雖好事不如無也。然遂事不可諫也。且藏於密。恐汝弟兄之惡也。把郎而匿之與。小遶有三虎。咆哮而至。作人語曰。家有腥膻之氣。療飢何幸。嫗與女叱曰。爾鼻之爽乎。何言之狂也。時有天唱。爾輩嗜害物命尤多。宜誅一以徵惡。三獸聞之。皆有憂色。女謂曰。三兄若能遠避而自懲。我能代受其罰。皆喜俛首妥尾而遁去。女入謂郎曰。始吾耻君子之辱臨弊族。故辭禁爾。今既無隱。敢布腹心。且賤妾之於郎君。雖曰非類。得陪一夕之歡。義重結褵之好。三兄之惡天既厭之。一家之殃予欲當之。與其死於等閑人之手。曷若伏於郎君刄下、以報之德乎。妾以明日入市爲害劇。則國人無如我何。大王必募以重爵而捉我矣。君其無㤼。追我乎城北林中。吾將待之。現曰。人交人、彝倫之道。異類而交、蓋非常也。既得從容。固多天幸。何可忍賣於伉儷之死、僥倖一世之爵祿乎。女曰。郎君無有此言。今妾之壽夭蓋天命也。亦吾願也。郎君之慶也。予族之福也。國人之喜也。一死而五利備。

其可違乎。但爲妾創寺。講眞詮、資勝報。則郎君之惠莫大焉。遂相泣而別。次日果有猛虎。入城中剽甚。無敢當。元聖王聞之。申令曰。戡虎者爵二級。現詣闕奏曰。小臣能之。乃先賜爵以激之。現持短兵入林中。虎變爲娘子。熙怡而笑曰。昨夜共郎君繾綣之事。惟君無忽。今日被爪傷者。皆塗興輪寺醬。聆其寺之螺鉢聲。則可治。乃取現所佩刀。自頸而仆。乃虎也。現出林而託曰。今玆虎易搏矣。匿其由不洩。但依諭而治之。其瘡皆効。今俗亦用其方。現既登庸。創寺於西川邊。號虎願寺。常講梵網經。以導虎之冥遊。亦報其殺身成己之恩。現臨卒。深感前事之異。乃筆成傳。俗始聞知。因名論虎林。稱于今。貞元九年。申屠澄自黃冠調補漢州什方縣之尉。至眞符縣之東十里許。遇風雪大寒。馬不能前。路旁有茅舍。中有煙火甚溫。照燈下就之。有老父嫗及處子。環火而坐。其女年方十四五。雖蓬髮垢衣。雪膚花臉。擧止姸媚。父嫗見澄來。遽起曰。客甚衝寒雪。請前就火。澄坐良久。天色已暝。

風雪不止。澄曰。西去縣尚遠。請宿于此。父嫗曰。苟不以蓬蓽爲陋。敢承命。澄遂解鞍施衾幃。其女見客方止。修容艷粧。自籬箔間出。有閑雅之態。猶過初時。澄曰。小娘子明惠過人甚。幸未婚。敢請自媒如何。翁曰。不期貴客欲採拾。豈定分也。澄遂修子婿之禮。澄乃以所乘馬載之而行。既至官。俸祿甚薄。妻力以成家。無不歡心。後秩滿將歸。已生一男一女。亦甚明惠。澄尤加敬愛。嘗作贈內詩云。一官慚梅福。三年愧孟光。此情何所喻。川上有鴛鴦。其妻終日吟諷。似默有和者。未嘗出口。澄罷官。罄室歸本家。妻忽悵然謂澄曰。見贈一篇。尋即有和。乃吟曰。琴瑟情雖重。山林志自深。常憂時節變。辜負百年心。遂與訪其家。不復有人矣。妻思慕之甚。盡日涕泣。忽壁角見一虎皮。妻大笑曰。不知此物尚在耶。遂取披之。即變爲虎。哮吼拏攫。突門而出。澄驚避之。携二子尋其路。望山林大哭數日。竟不知所之。噫。澄現二公之接異物也。變爲人妾則同矣。而贈背人詩。然後哮吼拏攫而走。與現之虎異矣。現之虎不得已而傷人。然善誘良方以救人。獸有爲仁如彼者。今有人而不如獸者。何哉。詳觀事之終始。感人於旋遶佛寺中。天唱徵惡。以自代之。傳神方以救人。置精廬講佛戒。非徒獸之性仁者也。蓋大聖應物之多方。感現公之能致情於旋遶。欲報冥益耳。宜其當時能受禧佑乎。讃曰。 山家不耐三兄惡。蘭吐那堪一諾芳。義重數條輕萬死。許身林下落花忙。

融天師彗星歌。 眞平王代。

第五居烈郞、第六實處郞、(一作突處郞。)第七寶同郞等、三花之徒。欲遊楓岳。有彗星犯心大星。郞徒疑之。欲罷其行。時天師作歌歌之。星怪即滅。日本兵還國。反成福慶。大王歡喜。遣郞遊岳焉。 歌曰。 舊理東尸汀叱 乾達婆矣遊烏隱城叱肹良望良古 倭理叱軍置來叱多烽燒邪隱邊也藪耶 三花矣岳音見賜烏尸聞古 月置八切爾數於將來尸波衣 道尸掃尸星利望良古 彗星也白反也人是

有叱多。 後句、 達阿羅浮去伊叱等邪 此也友物北所音叱彗
叱只有叱故。

正秀師救氷女。

第四十哀莊王代。有沙門正秀。寓止皇龍寺。冬日雪深。既暮。自三郞寺還。經由天嚴寺門外。有一乞女產兒。凍臥濱死。師見而憫之。就抱良久。氣蘇。乃脫衣以覆之。裸走本寺。苫草覆身過夜。夜半有天唱於王庭。曰。皇龍寺沙門正秀宜封王師。急使人檢之。具事升聞。上備威儀、迎入大內。册爲國師。

避隱第八。

朗智乘雲。 普賢樹。

歃良州阿曲縣之靈鷲山（歃良、今梁州。阿曲一作西。又云求佛。又屈弗。今蔚州置屈弗驛。今存其名。）有異僧。庵居累紀。而鄕邑皆不識。師亦不言名氏。常講法華。仍有通力。龍朔初。有沙彌智通。伊亮公之家奴也。出家年七歲。時有烏來鳴云。靈鷲去投朗

智爲弟子。通聞之。尋訪此山。來憩於洞中樹下。忽見異人出曰。我是普大士。欲授汝戒品。故來爾。因宣戒訖乃隱。通神心豁爾。智證頓圓。遂前行路。逢一僧。乃問朗智師何所住。僧曰。奚問朗智乎。通具陳神烏之事。僧莞爾而笑曰。我是朗智。今玆堂前亦有烏來報。有聖兒投師將至矣。宜出迎。故來迎爾。乃執手而嘆曰。靈烏驚爾投吾。報予迎汝。是何祥也。殆山靈之陰助也。傳云。山主乃辨才天女。通聞之泣謝。投禮於師。旣而將與授戒。通曰。予於洞口樹下。已蒙普賢大士乃授正戒。智嘆曰。善哉。汝已親稟大士滿分之戒。我自生年來。夕惕懋懃。念遇至聖。而猶未能昭格。今汝已受。吾不及汝遠矣。反禮智通。因名其樹曰普賢。通曰。法師住此其已久。如曰。法興王丁未之歲。始寓足焉。不知今幾。通到山之時。乃文武王即位元年辛酉歲也。計已一百三十五年矣。通後詣義湘之室。升堂覩奧。頗資玄化。寔爲錐洞記主也。元曉住磻高寺時。常往謁智。令著初章觀文及安身事心論。曉撰訖。使隱士文善奉書馳達。其篇尾逑偈云。西谷沙彌稽首禮東岳上德高巖前。（磻高在靈鷲之西北。故西谷沙彌乃自謂也）吹以細塵補鷲岳。飛以微滴投龍淵云云。山之東有大和江。乃為中國大和池龍植福所創。故云龍淵。通與曉皆大聖也。二聖而樞衣。師之道迈可知。師嘗乘雲往中國之清凉山。隨衆聽講。俄頃即還。彼中僧謂是隣居者。然罔知攸止。一日令於衆曰。除常住外。別院來僧。各持所居名花異植。來獻道塲。智明日折山中異木一枝。歸呈之。彼僧見之。乃曰。此木梵號怛提伽。此云赫。唯西竺海東二靈鷲山有之。彼二山皆第十法雲地。菩薩所居。斯必聖者也。遂察其行色。乃知住海東靈鷲也。因此改觀。名著中外。鄉人乃號其庵曰赫木。今赫木寺之北崗有古基。乃其遺趾。靈鷲寺記云。朗智嘗云。此庵址乃迦葉佛時寺基也。堀地得燈缸二。隔元聖王代。有大德緣會。來居山中。撰師之傳。行于世。按華嚴經第十名法雲地。今師之馭雲。蓋佛陁屈三指。元曉分百身之類也歟。

讚曰。

想料嵓藏百

歲間。高名曾未落人寰。不禁山鳥閑饒舌。雲馭無端浹往還。

緣會逃名。　文殊岾。

高僧緣會。嘗隱居靈鷲。每讀蓮經、修普賢觀行。庭池常有蓮數朶。四時不萎。(今靈鷲寺龍藏殿。是緣會舊居。)國主元聖王聞其瑞異。欲徵拜爲國師。師聞之。乃棄庵而遁。行跨西嶺嵒間。有一老叟今爾耕。問師奚適。曰。吾聞邦家濫聽。縻我以爵。故避之爾。叟聽曰。於此可賈。何勞遠售。師之謂賣名無厭乎。會謂其慢己。不聽。遂行數里許。溪邊遇一媼。問師何往。答如初。媼曰。前遇人乎。曰。有一老叟侮予之甚。慍且來矣。媼曰。文殊大聖也。夫言之不聽何。會聞即驚悚。遽還翁所。扣顙陳悔曰。聖者之言敢不聞命乎。今且還矣。溪邊媼彼何人。斯叟曰。辯才天女也。言訖遂隱。乃還庵中。俄有天使賚詔徵之。會知業已當受。乃應詔赴闕。封爲國師。(僧傳云。憲安王封爲二朝王師。號照。咸通四年卒。與元聖年代相朩。未知孰是。)師之感老叟處。因名文殊岾。見女處曰阿尼岾。　讚曰。倚市難藏久陸沉。囊錐既露括難禁。自緣庭下青蓮誤。不是雲山固未深。

惠現求靜。

釋惠現。百濟人。小出家。苦心專志、誦蓮經爲業。祈禳請福。靈應良稠。兼攻三論。染指通神。初住北部修德寺。有衆則講。無則持誦。四遠欽風。戶外之履滿矣。稍厭煩擁。遂往江南達拏山居焉。山極嵓險。來往艱稀。現靜坐求忘。終于山中。同學轝尸置石室中。虎啖盡遺骸。唯髏舌存焉。三周寒暑。舌猶紅軟。過後方變紫。硬如石。道俗敬之藏于石塔。俗齡五十八。即貞觀之初。現不西學。靜退以終。而乃名流諸夏立傳。在唐聲著矣。夫又高麗釋波若入中國天台山受智者敎。觀以神異。間山中而滅。唐僧傳亦有章頗多靈範。　讃曰。　鹿尾傳經倦一塲。去年清誦倚雲藏。風前青史名流遠。火後江蓮舌帶芳。

信忠掛冠。

孝成王潛邸時。與賢士信忠圍碁於宮庭栢樹下。嘗謂曰。他日若忘卿。有如栢樹。信忠興拜。隔數月。王即位賞功臣。忘忠而不第之。忠怨而作歌。帖於栢樹。樹忽黃悴。王恠使審之。得歌獻之。大驚曰。萬機鞅掌。幾忘乎角弓。乃召之賜爵祿。栢樹乃蘇。 歌曰。 物叱好支栢史

秋察尸不冬爾屋攴墮米 汝於多攴行齊敎因隱 仰頓隱面矣改衣賜乎隱冬矣也 月羅理影攴古理因淵之叱 行尸浪阿叱沙矣以攴如攴 皃史沙叱望阿乃 世理都 之叱逸烏隱第也。 後句亡。 由是寵現於兩朝。景德王（王即孝成之弟也）二十二年癸卯。忠與二友相約。掛冠入南岳。再徵不就。落髮爲沙門。爲王創斷俗寺居焉。願終身立壑。以奉福大王。王許之。留眞在金堂後壁是也。南有村名俗休。今訛云小花里。（按三和尙傳有信忠奉聖寺。與此相混。然計其神文之世。距景德已百餘年。況神文與信忠乃宿世之事。則非此信忠明矣。宜詳之。）又別記云。景德王代有直長李俊（高僧傳作李純）。早曾發願。年至知命。須出家創佛寺。天寶七年戊子。年登五十矣。改創槽淵小寺爲大刹。名斷俗寺。身亦削髮。法名孔宏長老。住寺二十年乃卒。與前三國史所載不

同。兩存之闕疑。讚曰。　功名未已鬢先霜。君寵雖多百歲忙。隔岸有山頻入夢。逝將香火祝吾皇。

包山二聖。

羅時有觀機、道成二聖師。不知何許人。同隱包山。（鄉云所瑟山。乃梵音。此云包也。）機庵南嶺。成處北穴。相去十許里。披雲嘯月。每相過從。成欲致機。則山中樹木皆向南而俯。如相迎者。機見之而往。機欲邀成也。則亦如之。皆北偃。成乃至。如是有年。成於所居之後高嵓之上、常宴坐。一日自嵓縫間透身而出。全身騰空而逝。莫知所至。或云。至壽昌郡（今壽城郡）捐骸焉。機亦繼踵歸眞。今以二師名命其墟。皆有遺趾。道成嵓高數丈。後人置寺穴下。大平興國七年壬午。有釋成梵。始來住寺。敞萬日彌陁道場。精懃五十餘年。屢有殊祥。時玄風信士二十餘人歲結社。拾香木納寺。每入山採香。劈析淘洗。攤置箔上。其木至夜放光如燭。由是郡人項施其香。徒以得光之歲爲賀。乃二聖之靈感。或岳神攸助也。神名靜聖天王。甞於迦葉佛時受佛囑。有本誓。待山中一千人出世。轉受餘報。今山中甞記九聖遺事則未詳。曰。觀機。道成。𣘦師。檪師。道義。有栢岩基。子陽。成梵。今勿女。白牛師。讃曰。相過躡月弄雲泉。二老風流幾百年。滿壑烟霞餘古木。低昂寒影尚如迎。𣘦音般。鄉云雨木。檪音䑜。鄉云加乙木。此二師久隱岩叢。不交人世。皆編木葉爲衣。以度寒暑。掩濕遮羞而已。因以爲號。甞聞楓岳亦有斯名。乃知古之隱倫之士。例多逸韻如此。但難爲蹈襲。予甞寓包山。有記二師之遺美。今幷錄之。

紫茅黃精墍肚皮。蔽衣木葉非蠶機。寒松颼颼石犖确。日暮林下樵蘇歸。夜深披向月明坐。一半颭颭隨風飛。敗蒲橫臥於憨眠。夢魂不到紅塵羈。雲遊逝兮二庵墟。山鹿恣登人迹稀。

永才遇賊。

釋永才性滑稽。不累於物。善鄉歌。暮歲將隱于南岳。至大峴嶺。遇賊六十餘人。將加害。才臨刄無懼色。怡然當之。賊怪而問其名。曰永才。賊素聞其名。乃命□作歌。其辭曰。　自矣心米　皃史毛達只將來呑隱日遠鳥逸□過出知遣　今呑藪未去遣省如　但非乎隱焉破□主次弗□史內於都還於尸朗也　此兵物叱沙過乎好尸曰沙也內乎呑尼　阿耶　唯只伊吾音之叱恨隱潽陵隱安攴尙宅都乎隱以多。

賊感其意。贈之綾二端。才笑而前謝曰。知財賄之爲地獄根本。將避於窮山以餞一生。何敢受焉。乃投之地。賊又感其言。皆釋劍投戈。落髮爲徒。同隱智異。不復蹈世。才年僅九十矣。在元聖大王之世。讚曰。

策杖歸山意轉深。綺紈珠玉豈治心。綠林君子休相贈。地獄無根只寸金。

勿稽子。

第十奈解王即位十七年壬辰。保羅國、古自國、(今固城、)史勿國、(今泗州、)等八國。

併力來侵邊境。王命太子㮈音、將軍一伐等。率兵拒之。八國皆降。時勿稽子軍功第一。然爲太子所嫌。不賞其功。或謂勿稽曰。此戰之功、唯子而已。而賞不及子。太子之嫌君、其怨乎。稽曰。國君在上。何怨人臣。或曰。然則奏聞于王幸矣。稽曰。伐功爭命。揚己掩人。志士之所不爲也。勵之待時而已。十年乙未。骨浦國(今合浦也)等三國王各率兵來攻竭火。(疑屈弗也。今蔚州。)王親率禦之。三國皆敗。稽所獲數十級。而人不言稽之功。稽謂其妻曰。吾聞仕君之道。見危致命。臨難忘身。仗於節義。不顧死生。之謂忠也。夫保羅(疑發羅。今羅州。)竭火之役。誠是國之難。君之危。而吾未曾有忘身致命之勇。此乃不忠甚也。既以不忠而仕君。累及於先人。可謂孝乎。既失忠孝。何顏復遊朝市之中乎。乃被髮荷琴。入師彘山。(未詳。)悲竹樹之性病。寄托作歌。擬溪澗之咽響。扣琴制曲。隱居不復現世。

迎如師。

實際寺釋迎如。未詳族氏。德行雙高。景德王將邀致供養。遣使徵之。

如詣內齋。罷將還。王遣使陪送至寺。入門即隱。不知所在。使來奏。王異之。追封國師。後亦不復現世。至今稱曰國師房。

布川山　五比丘。　景德王代。

歃良州東北二十許里。有布山川。石窟奇秀。宛如人斲。有五比丘。未詳名氏。來寓而念彌陀。求西方幾十年。忽有聖衆自西來迎。於是五比丘各坐蓮臺。乘空而逝。至通度寺門外留連。而天樂間奏。寺僧出觀。五比丘爲說無常若空之理。蛻棄遺骸。放大光明。向西而去。其捐舍處。寺僧起亭榭。名置樓。至今存焉。

念佛師。

南山東麓有避里村。村有寺。因名避里寺。寺有異僧。不言名氏。常念彌陀。聲聞于城中。三百六十坊、十七萬戶無不聞聲。聲無高下。瑯瑯一樣。以此異之。莫不致敬。皆以念佛師爲名。死後泥塑眞儀。安于敏藏寺中。其本住避里寺、改名念佛寺。寺旁亦有寺名讓避。因村得名。

孝善第九。

眞定師孝善雙美。

法師眞定羅人也。白衣時隷名卒伍。而家貧不娶。部役之餘。傭作受粟。以養孀母。家中計產。唯折脚一鐺而已。一日有僧到門。求化營寺鐵物。母以鐺施之。旣而定從外皈。母告之故。且虞子意何如尔。定喜現於色曰。施於佛事。何幸如之。雖無鐺又何患。乃以瓦盆爲釜。熟食而養之。嘗在行伍間。聞人說義湘法師在太伯山說法利人。即有嚮慕之志。告於母曰。畢孝之後。當投於湘法師。落髮學道矣。母曰。佛法難遇。人生大速。乃曰畢孝。不亦晩乎。曷若趂予不死。以聞道聞。愼勿因循。速斯可矣。定曰。萱堂晩景。唯我在側。弃而出家。豈敢忍乎。母曰。噫。爲我防出家。令我便墮泥黎也。雖生養以三牢七鼎。豈可爲孝。予其衣食於人之門。亦可守其天年。必欲孝我。莫作尒言。定沈思久之。母即起罄倒囊儲。有米七升。即日畢炊。且曰。恐汝因熟食經營而行慢也。宜在予目下、喰其一、橐其六。速行、速行。定飲泣固辭曰。弃母出家。其亦人子所難忍也。況其杯漿數日之資。盡裹而行。天地其謂我何。三辭三勸之。定重違其志。進途宵征。三日達于太伯山。投湘公剃染爲弟子。名曰眞定。居三年。母之訃音至。定跏趺入定。七日乃起。說者曰。追傷哀毁之至。殆不能堪。故以定水滌之爾。或曰。以定觀察母之所生處也。或曰。斯乃如實理薦冥福也。旣出定以後。事告於湘。湘率門徒歸于小伯山之錐洞。結草爲廬。會徒三千。約九十日。講華嚴大典。門人智通隨講。撮其樞要成兩卷。名錐洞記。流通於世。講畢。其母現於夢曰。我已生天矣。

大城孝二世父母。　神文代。

牟梁里（一作浮雲村）之貧女慶祖有兒。頭大頂平如城。因名大城。家窘不能生育。因役傭於貨殖福安家。其家俵田數畝。以備衣食之資。時有開士漸開。欲設六輪會於興輪寺。勸化至福安家。安施布五十疋。開呪願曰。檀越好布施。天神常護持。施一得萬倍。安樂壽命長。大城聞之。跳踉而入。謂其母曰。予聽門僧誦倡。云施一得萬倍。念我定無宿善。今玆困匱矣。今又不施。來世益艱。施我傭田於法會。以圖後報何如。母曰善。乃施田於開。未幾城物故。是日。夜國宰金文亮家有天唱云。牟梁里大城兒今託汝家。家人震驚。使檢牟梁里。城果亡。其日與唱同時有娠生兒。左手握不發。七日乃開。有金簡子彫大城二字。又以名之。迎其母於第中兼養之。既壯。好遊獵。一日登吐含山捕一熊。宿山下村。夢熊變爲鬼。訟曰。汝何殺我。我還啖汝。城怖懼請容赦。鬼曰。能爲我創佛寺乎。城誓之曰喏。既覺。汗流被蓐。自後禁原野。爲熊創長壽寺於其捕地。因而情有所感。悲願增篤。乃爲現生二親創佛國寺。爲前世爺孃創石佛寺。請神琳表訓二聖師各住焉。茂張像設。且酬鞠養之勞。以一身孝二世父母。古亦罕聞。善施之驗可不信乎。將彫石佛也。欲鍊一大石爲龕蓋。石忽三裂。憤恚而假寐。夜中天神來降。畢造而還。城方枕起。走跋南嶺。爇香木以供天神。故名其地爲香嶺。其佛國寺雲梯石塔彫鏤石木之功。東都諸刹未有加也。古鄉傳所載如上。而寺中有記云。景德王代。大相大城以天寶十年辛卯始創佛國寺。歷惠恭世。以大歷九年甲寅十二月二日大城卒。國家乃畢成之。初請瑜伽大德降魔住此寺。繼之至于今。與古傳不同。未詳孰是。

讚曰。牟梁春後施三畝。香嶺秋來獲萬金。萱室百年貧富貴。槐庭一夢去來今。

向得舍知割股供親。　景德王代。

熊川州有向得舍知者。年凶。其父幾於餧死。向得割股以給養。州人具事奏聞。景德王賞賜租五百碩。

孫順埋兒。　興德王代。

孫順者。(古今作孫舜)牟梁里人。父鶴山。父沒。與妻同但傭人家。得米穀養老孃。孃名運烏。順有小兒。每奪孃食。順難之。謂其妻曰。兒可得。母難再求。而奪其食。母飢何甚。且埋此兒、以圖母腹之盈。乃負兒歸醉山(山在牟梁西北)北郊。堀地忽得石鍾。甚奇。夫婦驚恠。乍懸林木上。試擊之。舂容可愛。妻曰。得異物殆兒之福。不可埋也。夫亦以爲然。乃負兒與鍾而還家。懸鍾於梁扣之。聲聞于闕。興德王聞之。謂左右曰。西郊有異鍾聲。清遠不類。速檢之。王人來檢其家。具事奏王。王曰。昔郭巨瘗子。天賜金釜。今孫順埋兒。地湧石鍾。前孝後孝。覆載同鑑。乃賜屋一區。歲給粳五十碩。以尚純孝焉。順捨舊居爲寺。號弘孝寺。安置石鍾。眞聖王代。百濟橫賊入其里。鐘亡寺存。其得鍾之地、名完乎坪。今訛云枝良坪。

貧女養母。

孝宗郎遊南山鮑石亭。(或云三花述。)門客星馳。有二客獨後。郎問其故。曰。芬皇寺之東里有女、年二十左右。抱盲母相號而哭。問同里。曰。此女家貧乞啜而反哺有年矣。適歲荒。倚門難以藉手。贖賃他家。得穀三十石。寄置大家服役。日暮橐米而來家。炊餉伴宿。晨則歸役大家。如是者數日矣。母曰。昔日之糠粃。心和且平。近日之香秔。膈肝若刺。而心未安。何哉。女言其實。母痛哭。女嘆己之但能口腹之養。而失於色難也。故相持而泣。見此而遲留尔。郞聞之潸然。送穀一百斛。郞之二親亦送衣袴一襲。郞之千徒斂租一千石遺之。事達宸聰。時眞聖王賜穀五百石。并宅一廛。遣卒徒衛其家。以儆劫掠。旌其坊爲孝養之里。後捨其家爲寺。名兩尊寺。

吾東方三國。本史遺事兩本。他無所刊。而只在本府。歲久刓缺。一行可解僅四五字。余惟士生斯世。歷觀諸史。其於天下治亂興亡與諸異跡。尙欲博識。况居是邦。不知其國事。可乎。因欲改刊。廣求完本。閱數載不得焉。其曾罕行于世。人未易得見。可知若今不改。則將爲失傳。東方往事。後學竟莫聞知。可嘆也已。幸吾斯文星州牧使權公輳聞余之求。〻得完本送余。〻喜受。具告監司安相國瑭都事朴侯佺。僉曰善。於是分刊列邑。令還藏于本府。噫物久則必有廢。〻則必有興。〻而廢。〻而興。是理之常。知理之常。而有時興。以永其傳。亦有望於後來之惠學者云。

皇明正德壬申季冬。府尹推誠定難功臣嘉善大夫慶州鎭兵馬節制使全平君李繼福謹跋。

生員　李山甫

校正生員　崔起潼

中訓大夫行慶州府判官慶州鎭兵馬節制都尉　李瑠

奉直郎守慶尙道都事　朴佺

節度使安瑭

推誠定難功臣嘉靖大夫慶尙道觀察使兼兵馬水軍

記

三國遺事に就きては內藤先生の景印正德本三國遺事序に其書の說明を盡くせり。曰く。

考鏡三韓古史。莫要於三國史記三國遺事二書。東京帝國大學並有校刊本。尤稱精善。按遺事高麗麟角寺僧一然撰。一然乃所謂普覺國尊也。然閔漬所撰普覺國尊碑。擧一然著書。未及此書。豈以係其傳記雜著。非內典所重歟。書成於元世祖至元間。其後弟子寶鑑國師混丘頗有補記。其夾注又多出後人。其初刊不知在何時。明正德壬申。慶州府尹李繼福重刊。有跋云。三國本史遺事兩本他無所刊。只在本府。歲久刓缺。一行可解僅四五字。因謀改刊。分刊列邑。還藏于本府。距今己四百餘年。流傳竟少。板亦殘缺。未詳存佚。尾張德川侯東京神田男各藏一本。並係文祿役將士所齎歸。神田本有養安院藏書印。乃浮田秀家所持贈醫官曲直瀨正琳也。二本皆正德刊。而並奪七葉。則板之不全在文祿以前已然。東京大學刊此書時。據神田本。以無異本可校對。未能補足也。本學助教授今西君龍別藏一本。亦正德刊。頗獨完好。無一缺葉。間有校語。爲順庵安鼎福手筆。審其板式。自有新舊兩樣。蓋正德改雕時。猶有舊板未刓者。與新刻並存耳。今以此校東京大學刊本。卷首題三國遺事王曆第一。東京大學本改爲三國遺事年表。蓋以神田本德川矦本並奪首二葉。私立篇目也。第一葉載高麗東明王。以爲壇君之子。寔屬異聞。紀異卷第一神田德川兩本奪第七八兩葉。乃記伊西國五伽耶北扶餘東扶餘高句麗事。注引壇君記亦爲佚書。與法第三神田德川兩本奪第五十二五十五五十六三葉。乃南月山篇之半天龍寺篇之半伯嚴寺石塔舍利篇之半及靈鷲寺有德寺五臺山文殊寺石塔記三篇全文。大抵東京大學本校勘雖精。往々不免羼改太過。王篇一篇移易行款。且據晚出東國通鑑。補改原文。尤爲亂古書面目矣。今本學部新用玻瓈板。景印今西本。邊幅雖蹙。古香不損。神明煥然。頓還舊觀。止補傳本之奪簡。未訂前脩之訛文。且餉綴學。以思誤書之適。庶免輕疑而乖微詣之譏云爾。

大正十年三月。京都帝國大學教授內藤虎次郎書。

とあり。此の京都帝國大學景印本は最良なりと雖、印行部數少くして一般の研究者に購讀の不便なきにあらず、加ふるに景印本の性質として判讀に難き字句あるが故に、朝鮮史學會は之を活字印行して世に流布せしめんと欲し、偶々小生が原本の所藏者なるの故を以て、其挍正を擔當する事となれり。小生は初挍より終挍に至るまで、全然一人にて之に當り、王曆篇の如きは、六挍より八挍に及びしものありしも、猶ほ彼の三國史記に於けるが如く、誤挍ありまた誤植の殘留せんことを恐るゝものなり。

原文には卷首に「先相公家藏書」の印と「男富儀謹追記」の印とを捺せり。前間恭作氏より與へられたる注意に因りて、富儀は光山の金氏にして宣祖王代の人なることと、其所謂先相公とは江原道觀察使金緣なることとを知れり。金緣が死去せしは、中宗王三十八年甲辰なるが故に、本書の重刊せられし正德壬申の後三十二年を經しにすぎず。小生の藏本は重刊後間もなく印刷せられしものならざるべからざるなり。昨年春大坂金太郎氏は慶州に於て此書の古寫本の零本を發見せられしが、冊尾に一小紙片を貼付し、其奥書とし、

三國遺事乃云史而不合於史。亦不脫佛說。不可視諸而△△。三國古蹟亦可以歷覽。頃因東京雜記之纂。得見一帙於門丈家。其時尹閔周晃持去。故常欲再見而不可得。門丈沙得鄭克俊家得其全。傳寫成秩。以爲破閑之資矣。

傳寫成秩以爲破悶集。

とあり。但し最後の一行は字様墨色を他と異にせり。されば慶州府尹閔周冕が諸舊誌によりて東京雜記を編纂せし李朝顯宗王十一年庚戌の頃には、三國遺事は慶州に於きても既に稀有なりし也。東京雜記の府藏册板目錄の中に此書の名あるは、舊記の紀事を其のまゝに登錄せしものにして、其實既に散佚せしものか、或は遺存せしとするも使用するに足らざる少數の零板なりしなる可し。閔周冕は驪州の人なり、後孫或は其書を傳存するにあらざるか。近年坊間に此書刊本の零本の存在を傳ふるものあり、夫れ或は此本にあらざるか。而して大坂氏古寫本にいふ鄭氏藏本は傳存せるや否やを知らざれども、其寫本によるに此等の刊本は德川神田兩本と同じく奪葉あるものなり。小生は此外に嘗て渡邊彰翁の厚意によりて、金剛山某寺に藏せしといふ刊本下卷を一覽せし事ありしが、此本は更に甚しき夥葉本にして、之を德川神田兩本と同じき奪葉本によりて補寫せしものなりき。思うに此兩本よりも更に後に印刷せしものなるべきなり。大正五年小生が完本を購得するや、小生は直に之を恩師坪井九馬三先生に報じて先生の指導を仰受し、幾度か往復して、恩師の深高なる學識より出づる數を書記し、他の古書との異同を按訂注記し、異字と誤字とを區別し、稿本を作成せしが、其刊行は槧本とするの外なかりしを以て、其機會を俟ちしに當り、京都帝國大學より影印本の出さるゝありしも、按訂刊本の要は前記せしが如く益切なりしが、大正十一年の震禍に、東京帝國大學にありし其稿本は灰燼となれり。坊間に於て或は先の東京帝國大學刊本により、或は後の京都帝國大學印影本を寫に使用して、活字印行せしものありと傳ふれども、小生は其實否を知らず。但し續日本大藏經に收めし三國遺事は、其書に記する如く東京帝國大學刊本の重刊にして當時藏經刊行者より東京大學に紹介あり。小生は坪井先生の命を奉じて、其句讀點の誤謬の甚しきものを訂正し、其稿本を送附せしことありき。　如上の次第にて、刊行の必要ある按訂本は世に出づる機會なりしに、朝鮮史學會に於て其計劃あり、印刷業者近澤茂平氏之に應ずるに及び、小生は歡喜して其按正に從事することを諾せり。　若し夫れ恩師坪井先生の學識の精華を表示する按訂本の刊行の如きは、他日を待つの外なし。　恩師老ひたまひて研究の旺盛なること驚くべきものあり、小生また白髮を雜うるに至りしと雖、刻苦精勵して止まずんば或は進境なきにあらざるべし、他日豈に希望なしとせんや。

本書印行の豫定よりも遲延せしは、一に小生緩漫の結果にして、之が爲に刊行者に及ぼせし迷惑は謝するに辭なし。　茲に挍正成りて其始末を誌すに當り、哀悼に堪えざるは近澤茂平氏の死去なり。　近澤君は三重縣の人、明治十九年十月安濃郡安西村に生れ、明治四十二年八月志を立てゝ朝鮮に來り、次で印刷業に從事し、辛苦經營して盛大を致し、大正十一年には合名會社近澤商店を組織するに至れり。　近年君思へらく、我れ一錢の資本をも携へずして朝鮮に來り今日の盛大を致せるは單に商人として富を積むを以て滿足すべきに非ず、其業により其職によりて世を益すべき高遠なる功績を殘すべしと。　遂に朝鮮史學會の計劃せる刊行の事業に自ら進んで當れること、三國史記の後語に記せしが如し。　然るに病僅に數日にして、本年一月二十一日十四歲なる嗣子茂君をちえ子夫人の手に殘して逝けり。　嗚呼君なくしては朝鮮史學會の刊行事業實に難し。　三國史記三國遺事の刊行は意外にも君の事業の紀念となるに至れり。　君逝去せしと雖、堅固なる基礎の上に立ちし近澤商店は微動だにせずして益發展し、近澤未亡人等は故人の志を繼承して、當時既に三分一を印刷し挍了せる輿地勝覽をも刊行せんとせしも、巨額の資本を固定するのみならず、多大の損失の顯然たる此刊行を敢てせしむる事は、朝鮮史學會に於て、小田會長大原葛城管野三幹事を始めとし一同の忍ぶ能はざる事なるを以て、之を勸止して一時之を中止する事となせり。小生は近澤君の死を哀しみ。而して小生の挍正せる史記遺事の二書が、意外にも君の紀念となりたる事に於て、自ら慰めんと欲して、慰むこと能はざるなり。本書には附錄として釋均如傳を收めたり。均如傳は三國遺事に先ち、王氏高麗初期に選述せられしものなり。貴重すべき鄕歌を載する僧傳なるが故に、本書の附錄として實に適切なるものとす。其册板は伽倻山海印寺に存し、數年前に有賀啓太郎氏之を活字印行して世に頒ちしことなるも、未だ廣く行はるるに至らざりしものなり。其挍正は大原葛城の兩君之を擔當せられたり。

昭和三年八月五日　全羅北道内藏寺碧蓮精舍の客室に於て今西龍しるす。

再版記

三國遺事は、學界に豫想以上の需要ありて、刊行後壹年ならざるに、印本既に盡きて、更に再版本を印行することゝなれり。此際に於て、小生は初版本の刊誤を正し、また若干の文字を訂正せしが、これに從事中に於て、興法第三と義解第五との兩篇の間に在るべくして、其篇名なきが故に、從來脫漏と認められ居りし第四篇は「塔像第四」にして、正德刊本の東京興輪寺金堂十聖の條と迦葉佛宴坐石の條との間(本刊本の卷三第十四頁末行)に、塔像の二字のみを存じて、第四の二字を失へるものが、實に此篇名なることを知れり。然らば正德刊本三國遺事は從來或は疑はれしが如き、不備の書にはあらざるなり。さりながら、此の再版本にも、此の發見に本づきて何等の改訂をなさゞりしは、敢て私見を加へざるの意なりとす。

尙ほ初版の後記には、東國輿地勝覽の印行を中止せる事を報せしが、其後近澤茂平君遺嗣茂君を初めとして、支配人澤田佐市君等は、之を先代の印刷業に於ける紀念として、是非ともに印行せんとし、再び小生等に謀られしを以て、小生等は其の佳擧に賛成し、昨年一旦中止せる筆を更に執りて、小田教授と共に、其の書の前半後半の挍正を分擔し、之を印行することゝなり、目下其事に從事中なるが故に、勝覽の書また不日學界に提供することを得べし。

昭和四年五月十八日　今西龍

釋均如傳

釋均如傳

大華嚴首座圓通兩重大師均如傳并序。

巘拏(庚名庚切名)賀之一十万偈。復興於身篤。(天竺亦云身篤也)　職龍樹之由。濫觴乎扶桑。職義相之由。祖洽乎聖朝。職首座之由。故瑞書院學士(唐職)夷喆滄(新羅職)清河公致遠作相師傳。獨首座之行狀闕焉。一乘行者惜之。予亦惜之。近有殿中內給事康惟顯。集首座初終現迹。文則遒麗。事多脫略。一乘行者憾之。予亦憾之。迨咸雍十年首夏之月。神衆經注主大師昶雲。示以實錄舊藁一卷。因托述於予。予曰諾。而塵綱牽惹。志未全功。乃於月下搆思灯前綴文。緜秋涉冬。明春絕筆。自爲序云。前進士赦連謹序。

今將述首座行狀分爲十門。

初、降誕靈驗分。　二、出家請益分、　三、姊妹齊賢分。

四、立義定宗分。　五、解釋諸章分、　六、感通神異分。

七、歌行化世分。　八、譯歌現德分、　九、感應降魔分。

十、變易生死分。

【初降誕靈驗分者】首座俗姓邊氏。諱均如也。父曰煥性。尙志立名。母曰占命。甞於天祐十四年四月初七日夜。夢見雄雌雙鳳皆黃色、自天而下、並入己懷、至二十載、占命年已六十。而能有身。懷滿二十一旬、以此年八月八日。誕師于黃州之北荊岳南麓之私第。（遁臺葉村）今黃州判官前拾遺李晙、重修舊址。號曰敬天之寺。即其所也。師始生容貌甚醜。無可倫比。父母不悅。置諸街中。有二烏比翼連蓋兒身。行路人見其異。遂尋家而縷陳之。父母悔恨。而收育焉。而諱厥狀。乃置笥。鬪穀（給乳之義）數月。而後示於鄉黨。師在襁褓。善讀圓滿偈。允父口授。十無一失者也。【第二、出家請益分者】師少而孤。及志學之歲。隨堂兄僧善均。往詣復興寺。謁識賢和尙。事之隷業。其乃能訓之器。劣於所訓之機。雖簣塵不讓於成高。而盃水豈竭於大渴。于時、靈通寺義順公。量如洪鍾。善待問者。是以四方義學。聚成霧市。師相求之心。若塊噫之於於菟。(風從虎之意。)每日黃昏之後。俟識賢假寐之夕。潛詣靈通寺請益。方曉而返。親自奉粥奉供。識賢密認其意。乃理不能遮。尋許投于順公。師去彼就此。事與願契。自爾之後。深鄭(音斟俱也)致海。險撈義天。于時匱粮七日。不食者十度許。曾無一念而生厭退。以怠於學也。【第三、姊妹齊賢分者】師久居練若。係戀庭闈。遂歸觀親顏。與秀明鬪智。初秀明先師三年而生。是歲天祐十七年也。女生而啼呼者有節。長則聰悟絶倫。嘗丐僧到舍讀法花經。女自內聽之、便生信焉、因設席迎僧。請爲了讀。僧讀八卷畢。仍請一宿。敷暢經旨。凡所耳湌。片無遺漏。僧行謂女曰。我即菩提留支三藏也。汝是德雲比丘化身耳。及師歸覲之日。秀明請聞其業。師講普賢觀音兩知識法門、神衆千手二經文。三寸所宣。一字無失。師又於初夜。念諷華嚴六地義約五百問荅。秀明儉聽頴悟。至後五年。請書手記。已所悟一文一句、無關疑也。【第四、立義定宗分者】師北岳法孫也。昔新羅之季。伽耶山海印寺。有二華嚴司宗。一曰觀惠公、百濟渠魁甄萱之福田。二曰希朗公。我太祖大王之福田也。二公受信心。請結香火願。願既別矣。心何一焉。降及門徒。浸成水火。況於法味、各稟酸醎。此弊難除。由來已久。時世之輩。號惠公法門、爲南岳。號朗公法門、爲北岳。師每嘆南北宗趣矛楯未分。庶塞多歧。指歸一轍。與首座仁裕同好。遊歷名山。婆娑玄肆。振大法鼓。竪大法幢。盡使空門幼艾。靡然向風。又華嚴敎中。有先公鈔三十余義記。其名曰。三敎所爲同體空。有盡不盡。權實華藏說。成土海明難。歎不歎。三生攝體授職。六相。就實本實。斷障微少。兜率天子。五種成佛。解行佛分相。流目廻心。六地八會百六城。淨土菩提樹。性起五果四句。廣修供養主伴章等也。師以爲源流則別。蹐駁頗多。文之煩者。撮要而删之。意之微者。詳究而現之。皆引佛經幷論。以爲訂。則一代聖敎斟酌盡矣。洎國家大啓。選席於王輪寺。擢取空門及第。則以吾師義路爲正。余旁焉。凡有才名之輩。何莫由斯途也。大者位取王師國師。少者階至大師大德。至於揭獨身扶獨迹。不可勝數矣。【第五、解釋諸章分者】師之在世。以洪法利人爲已任。若有諸家文書未易消詳者。必爲之著記釋。故有搜玄方軌記十卷。孔目章記八卷。五十要問荅記四卷。探玄記釋二十八卷。敎分記釋七卷。旨歸章記二卷。三寶章記二卷。法界圖記二卷。十句章記一卷。入法界品抄記一卷。並行於代。【第六、感通神異分者】乾祐二年四月晦。大成大王大穆皇后。玉門生瘡。不可以示之於醫。召師之師順公。請以法藥救之。順公因能代苦。使皇后立差。順公代病其病。病革七日。不自免焉。師奉香爐呪願。瘡自移著於槐樹之西柯。槐在師房東隅。因爾而枯。至淸寧中。株杭尙存。廣順三年。宋朝使至。將封大成大王。王命有司各揚厥職。三月藏事。方臨受策。會愁霖不止。禮命阻行。西使謂。東國必有聖人者在。何不使之祈晴天。若晴明。吾以爲聖賢之驗。光宗聞之。愁坐輟寢。有空聲唱言。大王且莫愁惱。明日必聞海幢說法。上即出庭仰睇。溟濛無迹。詰旦欲索聖賢僧。以邀法席。緇班彥碩悉辭避焉。時國師謙信奏薦師。師時年少。受國請。象步安詳。升師子座。圓音一演。雷電潛藏。須臾之間。雲卷風恬。天明日出。是時、萬乘珍敬禮加九拜。因問師之誕所。黃州北鄙遁臺葉村、是比丘桑梓也。上以爲龍虵之生非大澤。忠信寧無十室。尋封師爲大德。兼勑俗眷十有余人。人賜田二十五頃。藏獲各五人。俾徙居于黃州城內現德五年。佛日寺內有霹靂所。欲禳怪須憑大法。請師講演。縣晝貫夜。約三七日。於其問對。以當仁不讓爲意。會中有悟賢徹達(徹達現今之僧統)。作如是念。講主雖敏。猶是後生余雖不才。尚爲先輩。何於問話之間。不顧謙辭之禮。既是生慊。殆欲興謗。無何有居士至止。謂曰。儞不須嫉恨。今日講師。是儞先祖義相第七身也。爲欲弘宣大敎故復來人間耳。悟賢聞已驚愕。乃傳言於衆海。懺之曰。吾知過矣。師赴內道場。夜半有逸光。自房內射外。如流虹之未滅者。上望其光。命侍人往尋之。報云。師之眼光也。上幸師所。問曰。修行底法獲致如此。苔曰。貧道無勝行。于時經几上有數珠一索。自然騰空。遶師三匝而止。上乃敬重。寵絕古今。【第七、歌行化世分者】師之外學尤閑於詞腦。（意精於詞故云腦也）依普賢十種願王著歌一十一章。其序云。夫詞腦者。世人戲樂之具。願王者。幷修行之樞。故得涉淺歸深。從近至遠。不憑世道。無引劣根之由。非寄陋言。莫現普因之路。今托易知之近事。還會難思之遠宗。依二五大願之文。課十一荒歌之句。慙極於衆人之眼。冀符於諸佛之心。雖意失言乖。不合聖賢之妙趣。而傳文作句。願生凡俗之善根。欲笑誦者。則結誦願之因。欲毁念者。則獲念願之益。伏請後來君子。若誹若讚也是閑。

禮敬諸佛歌

心未筆留。慕呂白乎隱。佛体前衣。拜內乎隱。身萬隱。法界毛叱所只至去良。塵塵馬洛佛體叱刹亦。刹刹每如邀里白乎隱。法界滿賜隱佛體。九世盡良禮爲白齊。歎曰身語意業無疲厭。此良夫沙毛叱等耶。

稱讚如來歌

今日部伊冬衣。南無佛也白孫舌良衣。無盡辯才叱海等。一念惡中涌出去良。塵塵虛物叱邀呂白乎隱。功德叱身乙對爲白惡只。際于萬隱德海肹。間王冬留讚伊白制。隔句必只一毛叱德置。毛等盡良白乎隱乃兮。

廣修供養歌

火條執音馬。佛前灯乙直體良焉多衣。灯炷隱須彌也。灯油隱大海逸留去耶。手焉法界毛叱色只爲於。手良每如法叱供乙留。法界滿賜仁佛體。佛佛周物叱供爲白制阿耶。法供沙叱多奈。伊於衣波最勝供也。

懺悔業障歌

顚倒逸耶。菩提向焉道乙迷波。造將來臥乎隱惡寸隱。法界餘音玉只出隱伊音叱如支。惡寸習落臥乎隱三業。淨戒叱主留卜以支乃遣只。今日部頓部叱懺悔。十方叱佛體閼遣只賜立。落句。衆生界盡我懺盡。來際永良造物捨齊。

隨喜功德歌

迷悟同體叱。緣起叱理良尋只見根。佛伊衆生毛叱所只。吾衣身不喩仁人音有叱下呂。修叱賜乙隱頓部叱吾衣修叱孫丁。得賜伊馬落人米無叱昆。於內人衣善陵等沙。不冬喜好尸置乎理叱過。後句。伊羅擬可行等。嫉姤叱心音至刀來去。

請轉法輪歌

彼仍反隱。法界惡之叱佛會阿希。吾焉頓叱進良只。法雨乙乞白乎叱。等耶。無明土深以埋多。煩惱熱留煎將來出米。善芽毛冬長乙隱。

衆生叱田乙潤只沙音也。後言。菩提叱菓音烏乙反隱。覺月明斤秋察羅波處也。

請佛住世歌

皆佛體。必于化緣盡動賜隱乃。手乙寶非鳴良尔。世呂中止以友白乎等耶。曉留朝于萬夜未。向屋賜尸朋知良閪尸也。伊知皆矣爲米。道尸迷反群良哀呂舌。落句。吾里心音水清等。佛影不冬應爲賜下呂。

常隨佛學歌

我佛體。皆往焉世呂修將來賜留隱。難行苦行叱願乙。吾焉頓部叱逐好友伊音叱多。身靡只碎良只塵伊去米。命乙施好尸歲史中置。然叱皆好叱卜下里。皆佛體置然叱爲賜隱伊留兮。城上人。佛道向隱心下。他道不冬斜良只行齊。

恒順衆生歌

覺樹王焉。迷火隱乙根中沙音賜焉逸良。大悲叱水留潤良只。不冬萎玉內乎留叱等耶。法界居得丘物叱丘物叱。爲乙吾置同生同死。念念相續無間斷。佛體爲尸如敬叱好叱等耶。打心。衆生安爲飛等。佛體頓叱喜賜以留也。

普皆廻向歌

皆吾衣修孫。一切善陵頓部叱廻良只。衆生叱海惡中迷反群無史悟內去齊。佛體叱海等成留焉曰尸恨。懺爲如乎仁惡寸業置。法性叱宅阿叱寶良。舊留然叱爲事置耶。病吟。禮爲白孫隱佛體刀。吾衣身伊波人有叱下呂。

總結無盡歌。

生界盡尸等隱。吾衣願盡叱曰置仁伊而也。衆生叱邊衣于音毛。際毛冬留願海伊過。此如趣可伊羅行根。向乎仁所留善陵道也。伊波普賢行願。又都佛體叱事伊置耶。阿耶普賢叱心音阿于波。伊留叱餘音良他事捨齊。

右歌播在人口。往往書諸墻壁。(傳中不載歌詞。今錄付之。)沙平郡、那必及干。(新羅職)縣痼三年。不能醫療。師往見之。憫其苦。口授此願王歌。勸令常讀。他日有空聲唱言。汝賴大聖歌力。痛必差矣。自爾立効。【第八、譯歌現德分者】有翰林學士內議承旨知制誥清河崔行歸者。與師同時鑽仰日久。乃此歌成。以詩譯之。其序云。偈頌讚佛陁之功果。著在經文。歌詩揚井之行因。收歸論藏。所以西從八水。東至三山。時時而開士間生。高吟妙理。往往而哲人傑出。朗詠眞風。彼漢地則有傳公。將賀氏湯師。濫觴江表。賢首及澄觀宗密。修藞開中。或皎然無可之流。爭雕麗藻。齊已貫休之輩。競鏤芳詞。我仁邦則有摩詞。兼文則體元鑿空雅曲。元曉與薄凡靈爽。張本玄音。或定猷、神亮之賢。閑飂玉韻。純義大居之俊。雅著瓊篇。莫不綴以碧雲。清篇可玩。傳其白雪。妙響堪聽。然而詩搆唐辭。磨琢於五言七字。歌排鄉語。切磋於三句六名。論聲則

隔若參商。東西易辨。據理則敵。如矛楯强弱難分。雖云對衒詞鋒。足
認同歸義海。各得其所。于何不臧。而所恨者。我邦之才子名公解吟
唐什。彼土之鴻儒碩德莫解鄉謠。矧復唐文如帝網交羅。我邦易讀。
鄉札似梵書連布。彼土難諳。使梁宋珠璣數托東流之水。秦韓錦繡、
希隨西傳之星。其在局通。交堪磋痛。庸詎非魯文宣欲居於此地。未
至鼇頭、薛翰林强變於斯文、煩成鼠尾之所致者歟。伏惟我首座。名
齊玄玩。作三千受戒之師。迹亞妙光。爲八十開經之主。占位於雜華
元首。衆教知歸。沾恩於大樹本根、群生獲利。是掛籃之洪鍾待叩。有
問皆酬。懸臺之寶鏡忘疲。無幽不照。凡云志學。孰忌觀光。師乃勸誘
伊人。瞻依彼佛。要以邪魔之北。令佩惠刀指其益友之南。許開慈室。
謂曰。貞元別本行願終篇。入長男妙界之玄門、遊童子香城之淨路。
故得淸凉疏主。修一軸。以宣揚。申毒行人。限百齡而持課。初來震旦
自烏邦、聖帝手書。後至尸羅。因兎郡高德血字。四句偈。一經於耳。頓

滅罪根十種文再記于心，能生覺果良緣大厚，勝福何深。得不詠此願王代其詩容、使男女共聞而發願、永結殊因、自他兼濟以成功，終歸妙果者乎。夫如是，則八九行之唐序，義廣文豐；十一首之鄉歌，詞清句麗。其爲作也，號稱詞腦，可欺貞觀之詞，精若賦頭，堪比惠明之賦。而唐人見處。於序外以難詳。鄉士聞時。就歌中而易誦。皆沾半利。各漏全功。由是約吟於遂洎之間。飜如惜法。滅詠於吳秦之際。孰謂同文。況屬師心。本齊佛境。雖要期近俗。沿淺入深。而寧阻遠人。捨邪歸正。昔金氏譯碎珠金瓦。播美天朝。崔公翻明月清風。騰芳海域。俗猶若是。眞固宜然。伏念行歸。志愧何充，筆慚靈運。杳想閣官之宜祐。莫効前修。追思相國之密傳。徒欽行烈。一昨因逢道友，幸覽玄言。縱隨妙唱。以無端，潛恐高情之有待，濫托之一源兩派，詩歌之同體異名。逐首各翻。開成連寫，所冀遍東西而無碍。眞草並行，向僧俗以有緣。見聞不絕。心心續念。先瞻象駕於普賢，□□連吟。後値龍華於慈

氏。今則聊將鄙序。輒冠休譚。希蒙點鐵以成金。不避拋塼。而引玉。儻逢博識。須整屑音。宋曆八年周正月日。謹序

禮敬諸佛頌

以心爲筆盡空王。瞻拜唯應遍十方。一一塵塵諸佛國。重重刹刹衆尊堂。見聞自覺多生遠。禮敬寧辭浩劫長。身體語言兼意業。總無疲厭此爲常。

稱讚如來頌

遍於佛界罄丹衷。一唱南無讚梵雄。辯海庶生三寸抄。言泉希涌兩唇中。稱揚覺帝塵沙化。頌詠醫王刹上風。縱未談窮一毛德。此心眞待盡虛空。

廣修供養頌

至誠明照佛前灯。願此香籠法界興。香似妙峯雲靉靆。油如大海水洪澄。攝生代苦心常切。利物修行力漸增。餘供取齊法斯供。直饒千

萬總難勝。

懺悔業障頌

自從無始劫初中。三毒成來罪幾重。若此惡緣元有相。盡諸空界不能容。思業障堪惆悵。罄竭丹誠豈墮慵。今願懺除持淨戒。永離塵染似青松。

隨喜功德頌

聖凡眞妄莫相分。同體元來普法門。生外本無餘佛義。我邊寧有別人論。三明積集多功德。六趣修成少善根。他造盡皆爲自造。總堪隨喜總堪尊

請轉法輪頌

佛陁成道數難陳。我願皆趍正覺因。甘露洒消煩惱熱。戒香熏滅罪慾塵。陪隨善友瞻慈室。勸請能人轉法輪。雨寶遍沾沙界後。更於何處有迷人。

請佛住世頌

極微塵數聖兼賢。於此浮生畢化緣。欲示泥洹歸寂滅。請經沙劫利人天。談眞盛會猶堪戀。滯俗群迷實可憐。若見惠灯將隱沒。盡傾丹懇乞淹延。

常隨佛學頌

此娑婆界舍那心。不退修來迹可尋。皮紙骨毫兼血墨。國城宮殿及園林。菩提樹下成三點。衆會場中演一音。如上妙因總隨學。永令身出苦河深。

恒順衆生頌

樹王偏向野中榮。欲利千般萬種生。花果本爲賢聖體。幹根元是俗凡精。玆波若洽靈根潤。覺路宜從行業成。恒順遍教群品悅。可知諸佛喜非輕。

普皆廻向頌

從初至末所成功。廻與含靈一功中。咸覬得安離苦海。總斯消罪仰眞風。同時共出煩塵域。異體咸歸法性宮。我此至心廻向願。盡於來際不應終。

總結無盡頌

盡衆生界以爲期。生界無窮志豈移。師意要驚迷子夢。法歌能代願王詞。將除妄境須吟誦。欲返眞源莫厭疲。相續一心無間斷。大堪隨學普賢慈。

右歌詩成。彼人爭寫一本。乃傳於西國。宋朝君臣見之曰。此詞腦歌主、眞一佛出世。遂使禮師。師容貌異常。非世人之敬信。故我君臣恐彼西使輕之。又未委客人之所懷。將不許見。客認此意。潛服往詣總持院。（院是師常居處。在歸法寺也。）先遣象胥。譯情求謁。師整三衣將迎。先觀我君臣心念。忽然遁去。客人聞之曰。何處得見佛。因泣下數行。

【第九、感應降魔分者】開寶中歸法寺僧正秀。詣法官讒搆曰。如師有異情修行。官奏其事。光宗聞之。怒促召師。入欲害之。師及御所。惶懼仆地。上見其狀。以爲直。翻勑醫者二人護送之。尋差降承宣薛光。到寺慰撫。此日夜上夢見神人。身長一丈許。壓寢殿而立。乃言曰。大王信膚訴之事。凌辱法王。故必有不祥大起。夢覺。已流汗遍身。召傍臣說夢。至明日。松岳北畔松樹無風自倒者。不知其幾千有株。上聞此怪命卜之。云。辱斥法王所由生也。上乃悔懼。便於大內特置消災道場。命法官斬正秀於市。仍池其正秀房。俗兄淚造文書。令弟謐告。及正秀同日被誅。又靈通寺白雲房。年遠浸壞。師重修之。因此地神所責。災變日起。師略著歌一首。以禳之。帖其歌于壁。自爾之後。精怪即滅也。

【第十、變易生死分者】開寶六年中。金海府使奏云。今年月日有異僧。頂戴櫻笠子。到海邊。問其名居。自稱毗婆尸。曰。曾於五百劫前。會經此國締緣焉。今見三韓一統。而佛教未興。故爲酬宿因。暫至松岳之下。以如字洪法。今欲指日本。言訖即隱。上奇之。命推其日。

是師順世之日也。變易分竟。

師之在世。厚緣於大成大王。王發大願於松岳之下。新刱歸法寺。寺成。詔請師住持之。師祇命香火。領衆洪法。嘗於講法之前日。使大德全業述經序。業述十許張。將詣講軒畔。奏於師。師奉香爐。象步次一覽。演暢有如宿習。其聰悟率如此也。嗚呼化有緣。有緣盡死於此。生於彼井之事也。以開寶六年六月十七日　時示滅于歸法寺。葬於八德山。山在歸法之東南。去寺百許步。豈且秀者是也。報年　僧臘其神足。曰曇琳。曰肇　皆一時龍象。位至首座。自下之輩寔繁。有徒及至于今。稻麻浸盛。或散在於外。或守之本房。後有門下侍郎平章事金廷俊。見鳳飛而穴在。因思主而敬房。遂乃重修。名甘露院。故給事中高挺爲之述記。其略曰。哲萎游天。輪奐掃地。寶閣珠柱。善財散而蕪平。青山白雲。支遁去而色慘。云云

後序

聖人之所以異於人者。以其導感救愚。作大利益故也。挺伏審吾師之行狀。其聖人也歟。楊雄曰。登泰山然後知衆山之迤邐。予見古碩德碑銘。驚嘆移晷者十數矣。見吾師行狀。然後知衆碑之迤邐矣。於𡾰。前佛已說後佛未興。世眼漸昏。法輪中輟。師能傑出。助揚玄化。神通瑞應。隨緣遍示於塵沙。少見寡聞。撮要僅存於萬一。庶逢博識。潤色斯文而已。咸雍十一年正月日。後序。

大華嚴歸法寺主圓通首座均如傳。